教育部2020年度高校思想政治理论课教师研究专项一般项目（优秀中青年思政课教师择优资助项目）“新时代大中小学思政课一体化建设的理论与实践研究”（项目编号：20JDSZK130）阶段性成果

教育部“全国高校思政课建设项目——全国高校思政课‘手拉手’集体备课中心（山东师范大学－山东省）”（项目编号：21SZJS37044515）研究成果

教育部大中小学思政课一体化共同体（山东）建设成果

学科核心素养导向的大中小学思政课一体化专题教学设计（下册）

主　编　王增福　吴春雷

副主编　张彩霞　黄万强　李玉华

山东人民出版社·济南

国家一级出版社　全国百佳图书出版单位

目　录

下　册

主题九

践行绿色理念　建设美丽家园

第一部分 小学“道德与法治”

二年级下册第三单元《绿色小卫士》
第九课《小水滴的诉说》
第一课时《我很珍贵》

□ 济南市明星小学 姚荣荣

一、课标要求

《义务教育道德与法治课程标准》（2022 年版）第三部分“课程目标”中总目标提出“敬畏自然，保护环境，形成人与自然生命共同体的意识”。

二、教材分析

《我很珍贵》是《道德与法治》（部编版）二年级下册第三单元第九课《小水滴的诉说》第一课时的教学内容，承接二年级下册《我和大自然》单元中人与自然的关系视角，关注日常生活中时时离不开的水，全然不同于仅仅把水当作一种可利用资源的做法，而是将水看作生命的重要组成部分，是与生命休戚与共的存在。本课的设计意在引导学生从自己身边可触可感的资源出发，理解自己所处时代的主题——绿色与环保，并通过自己的智慧与创作，改善生活环境，遵守相关法律法规，节约资源，文明生活，让自己成长为“绿色小卫士”。

三、学情分析

二年级学生年龄小，生活经验少，对生活也缺少观察与思考，他们没有缺水的经历与担忧，对节约用水缺乏感性认识。对于生活在缺水、干旱地区的学生来说，感受水的宝贵是很容易的。可是，对于城市里用惯了自来水的学生来说，如何让他们感受到水的来之不易、十分珍贵，这是教学的难点之一。另外，学生对新事物、新知识充满好奇心，有探知欲，心地纯洁，愿意为建设更美好的家园作出努力。但由于他们年龄小，自主发展的意识和能力还不完善，自我控制能力差，情绪不稳定，因此需要老师的带领和引导。二年级学生喜欢具体形象的事物，在课堂中引入与同学们朝夕相处的好朋友“小水滴”，同时贯穿多媒体学习资料，通过观察图片、观看视频、角色扮演、调查讨论，让他们参与其中，去体验、去感受。

四、教学目标

1. 了解水是生命之源，水是大自然中万物生存的基础。

2. 通过观察图片、观看视频、小组合作学习和调查讨论，认识到地球上的水资源非常缺乏，了解我国以及济南市水资源的状况。

3. 初步懂得合理利用水资源的重要性和迫切性，让学生体验水的珍贵，激发学生节约用水、爱护水资源、保护水资源的情感。

五、教学重点难点

1. 教学重点：体验水的珍贵。

2. 教学难点：在实际生活中形成节水的意识与行为习惯。

六、教学方法

教学方法有情境教学法、合作学习法、角色扮演等。

七、教学过程

环节一 看图听音，激趣导入

通过听声音，辨别听到的声音，揭示今天认识的小伙伴“小水滴”。以

“小水滴”的口吻询问学生：“你了解小水滴吗?”学生根据生活实际回答。

【设计意图】通过听声音激发兴趣，揭示今天学习的主题，了解学情。

环节二 了解小水滴

1. 看视频了解水存在的不同形态

(1) 以“小水滴”的口吻为画外音，在视频的带领下，引导学生欣赏大自然中各种各样的水，找出水有哪几种形态。

(2) 播放视频：《大自然中的水》。

2. 根据回答，总结水的重要性

(1) 请学生回答，通过欣赏视频，发现了水有哪几种不同的形态。

【学生回答】液态、固态、气态（水、冰、水蒸气）。

(2) 播放“小水滴”录音，以“小水滴”的口吻回应：水不仅有各种形态，还特别珍贵！水被人们比喻为“地球的血液，生命的源泉”。

【设计意图】通过了解水在生活中的不同形态，明白在生活中水无处不在，水是我们的生命之源。

环节三 感受小水滴的意义

1. 水在生活中的作用

通过小组合作学习的方式来探究水在生活中的作用。

(1) 了解小组合作的学习要求。

(2) 展示合作学习任务单。

水在生活中的作用

我们小组找到的水在生活中的作用是：

①____

②____

③____

(3) 学生展示合作学习成果。同时老师通过课件展示水可以发电。

【课件举例】中国最大的水力发电站——三峡水电站。

2. 水在大自然中的作用

（1）角色扮演。播放课本中的诗歌，老师扮演“小水滴”，走到小朋友身边，将头饰带到小朋友的头上，让他接读诗歌。

【师生互动】

我走过山川，山川绿了。
我流进田野，秧苗长了。
我经过草原，牛羊笑了。
我流进人们的嘴里，大家心里甜了。
我是地球的血液，我是生命的源泉。

（2）谈一谈。

“小水滴”竟然让大自然发生了如此奇妙的变化。请学生们说一说，通过刚才的表演，发现水对大自然有哪些神奇的作用。

水让山川——绿了。

水让秧苗——长了。

……

（3）总结：是呀，是水让大自然有了色彩，水让整个世界变得更加生机勃勃。

3. 水在人体中的作用

（1）教师过渡：水对植物、动物那么重要，那么对我们人类来说重要吗？咱们一起去寻找答案吧。

（2）播放视频：《人体中水的比重》。

（3）学生根据视频回答。

（4）总结：人体是由水、脂肪、蛋白质、碳水化合物、钙、磷、钾、钠等物质组成的。从人的体重来看，水平均占人体重量的 70%，当然，胎儿时期 90% 是水，随着年龄的增长，到了老年，水的比重大约减少到 65%。假如你有 60 斤重，水就占了 45 斤。人体的所有活动都要靠水来完成，比如眼球的转动、心脏的跳动、关节的运动都离不开水。人不吃饭能撑 10 天，但是不喝水仅仅能活 3 天。所以水对人体意义重大，没有了水就会没有生命。所以，水

多么珍贵呀！（板书：珍贵）

【设计意图】通过学习任务单及小组合作学习的方式，学生了解到水在生活中的作用；通过分角色表演的方式，了解到水在自然中的作用；通过观看视频，了解到水对于人体的重要性，更深刻地认识到水无处不在，水是我们的生命之源。

环节四 水在生活中的意义

1. 结合生活经历，独立思考

老师做一个生活小调查，在生活中同学们经历过停水吗？停水给你和你的家人带来什么苦恼呢？请结合生活中停水的经历思考停水会对我们的生活带来哪些麻烦。小组讨论一下。

2. 说一说，感知地球上淡水资源的缺乏

没有水会给我们人类的生活带来不便，会给地球上的动植物带来很多麻烦。所以，人们说“水是生命的源泉”。从宇宙上空往下看，地球是一个蓝色的大水球，整个地球 30% 是陆地、70% 是海洋。“我们的地球一定不缺水。”这个观点对吗？（播放课件）

【学生回答】学生结合课件发表观点。

3. 做一做

结合小实验，明确人类可用的淡水资源较少。学生根据自己的理解猜一猜并画一画淡水资源占全球水资源的比例。

【总结】“小水滴”的淡水小伙伴只有不到 3%，表现在这 100 个格子中，就只有不到 3 格，而这仅有的不到 3% 的淡水资源，也无法被人类全部使用，这又是为什么呢？（播放视频）

4. 谈一谈

学生结合生活实际谈谈对缺水地区的了解。教师适时以课件的形式进行补充。

5. 海绵城市的展示

我们的家乡济南以泉城著称，但也面临着缺水的状况，节水保泉势在必

行，所以济南正在建设海绵城市。那什么是海绵城市呢？（播放视频）

6. 总结

通过这节课的学习，我们了解了水对大自然的重要性，了解了水对人类的重要性，也懂得了地球以及我国的淡水资源状况——珍贵而稀少。今后，我们要多想一些节水妙招，让我们的世界更加美好，让我们的泉城泉水不停地喷涌！

【视频播放】播放泉城济南泉水喷涌的视频。

【设计意图】结合生活实际，明白缺少水会给我们的生活、给动植物带来的不便；通过画一画等方法，了解目前可利用的水是少之又少；最后结合地球、我国以及济南的水资源现状，激发学生的节水意识。

八、板书设计

我很珍贵{水在生活中的作用；水在自然中的作用；水在人体中的作用}意义非凡

九、教学反思

城市里的孩子们长期享用自来水，有的学生认为水是取之不尽、用之不竭的，使用的时候常常挥霍浪费，不知道自觉珍惜。所以这节课在学习《义务教育道德与法治课程标准》（2022 年版）的基础上，结合教材基本特点，采用了以小组合作学习、分角色表演、独立思考、观察讨论等教学方法，让同学们真正了解水，培养节水意识。

首先，整个教学过程中，将水拟人化为“小水滴”贯穿始终，通过伙伴式的平等对话进行认识水、理解水、爱惜水的教育，这是本课教学的亮点之一。

其次，在感受“小水滴”的意义环节，设计了小组合作学习、角色扮演等方式进行学习，学生结合自身的生活经验，更直观深刻地感受水的重要。特别是角色扮演这一环节，深受孩子们的喜爱。

再次，在了解“小水滴”的重要作用这一教学环节中，以学生喜闻乐见的画一画的形式，感知淡水资源在全球占的比重是多么的小。学生产生共鸣：原来水这么少。这样大家才能真切地感受到水的珍贵。

最后，水在生活中的意义这一教学过程是难点之一，学生结合生活实际，通过对国内缺水城市的了解，通过泉城济南的海绵城市建设，感受到其实水多的地方仍然是缺水的，人们都在为节约用水作出不懈的努力。学生仅仅是通过视频看到济南海绵城市的建设，并没有真正理解什么是海绵城市？海绵城市的建设到底是怎样的？如果真正走进生活，观看海绵城市建设的情况，具体到某一个建设场景，就能将节水这一理念真正落到实处，让小学生明白节水应该从小做起，从身边的小事做起。

第二部分　初中“道德与法治”

九年级上册第六课《建设美丽中国》

第二框《共筑生命家园》

□山东省淄博第五中学　陈骞

一、课标要求

《义务教育道德与法治课程标准》（2022 年版）第三部分“课程目标”中核心素养之“政治认同”第四学段要求“理解社会主义核心价值观的内涵及其重要意义，在日常生活和社会活动中自觉践行”，“责任意识”第四学段要求“敬畏自然，具有绿色发展理念，初步形成环保意识和生态文明观；能够在日常生活中践行生态文明的理念”。

二、教材分析

教材从“怎么办”的角度来分析人口、资源、环境的严峻形势，以及我们的态度与选择、行动与策略。

教材通过“运用你的经验”，让学生从诗文中品味意境，初步感受人与自然和谐共生的生活场景。教材通过对人与自然关系以及国际社会为保护环境所作努力的讲述，给出了应对当下人口、资源、环境挑战的价值理念。实现人与自然的和谐共生，建设生态文明，我国提出了创新、协调、绿色、开放、共享的新发展理念。教材通过浙江余村两条不同发展道路的鲜明对比，引导学生认识到“绿水青山就是金山银山”的生态发展理念。

三、学情分析

初中生通过图片、视频、公益广告、社会实践活动、研学旅行等形式，或多或少地对生态文明建设有所了解，生态文明意识在内心逐渐形成，也对生活中的资源浪费、环境污染等事件和行为有所耳闻，基于生活经验能作出正确的价值判断和行为选择，自身也能积极践行绿色生活理念和生活方式。

随着年龄的增长和认知水平的提高，学生要把握人口、资源、环境、国情和相关政策，不断增强环境保护意识，形成可持续发展意识，自觉履行保护环境的义务。

四、教学目标

1. 正确认识人与自然的关系，知道并认同党和国家在生态文明建设方面的方针政策，增强建设美丽中国、走绿色发展道路的态度认同。

2. 树立人与自然和谐共生的基本理念，增强生态文明建设的使命感和责任感。

3. 联系实际说明建设生态文明和走绿色发展道路的必要性，结合我国的发展明确怎样践行可持续发展战略。

五、教学重点难点

1. 教学重点：坚持绿色发展道路。

2. 教学难点：生态文明建设的重要性。

六、教学方法

教学方法有情境教学法、对话教学法等。

七、教学过程

环节一 憧憬——描绘心中美好愿景

活动一：古诗赏评

【问题导入】同学们，古诗词是中华文化的瑰宝，课本引用了陶渊明的

《饮酒·其五》，这首诗有什么特点？你能列举几首这样的古诗吗？

【学生活动】略。

【教师讲解】类似的诗歌不胜枚举，我个人特别喜欢苏轼的《惠崇春江晚景二首（其一）》和辛弃疾的《西江月·夜行黄沙道》。这些诗歌有个共同点，就是诗人为我们描绘了他们眼前或心中的美丽景色。那么，你心中的美景是怎样的？

【学生活动】略。

活动二：歌曲赏评

播放 MV《地球你好吗》，学生观看后，思考并回答问题：

《地球你好吗》

王新宇（词曲） 屠梅华、杨婕与黑鸭子合唱组（唱）

当天空不再是蓝色，小鸟不会飞翔。
当江河不再有清澈，鱼儿也离开家乡。
当空气不再是清新，花朵也失去芬芳。
当乌云遮住了太阳，世界将黑暗无光。
当冰山渐渐地融化，地球是一片汪洋。
当大地干枯了村庄，眼睛也失去渴望。
当城市川流不息的车，从此没有一点安详。
当童话失去了森林，仙女也丢了魔棒。
当玩具变成你的衣裳，从此没有天真幻想。
当贪婪拼命地追逐，没有动物与你歌唱。
让我们一起热爱吧，让我们一起唱，
让我们一起呼唤，地球你好吗？

【问题探究】（1）哪些歌词是在描述现实？请举例说明。

（2）哪些歌词是在表达担忧？担忧是否合理？

【设计意图】导入是一节课的开始，本板块意在通过两个活动引发学生对心中美景的描绘，为人与自然关系的探究打下基础。以古诗联想和 MV 赏评的形式开启新课，能较好地调动学生的兴趣，教师进一步以设问推动学生对古诗及歌词的感悟、理解和思考，符合学生的认知规律，从形象到抽象。

环节二 共识——人与自然和谐共生

活动三：热点关注

2021 年 4 月以来，原本栖息在云南省西双版纳州的 15 头野生亚洲象一路北上，迁徙数百千米，引发全民关注，形成一堂生动的生态文明教育课。

眼看着大象“旅行团”一路北上，有关各方围绕“大象从哪里来，到哪里去”“为何离家”“如何回家”“如何保护”等问题展开研究和科普，使人们重新认识了野生亚洲象这一国家一级重点保护野生动物的生存状况以及云南为保护亚洲象所付出的努力。

在这场“全民观象”中，构建人象和谐关系再次成为舆论焦点。中国野生动物保护协会教授级高级工程师严旬说：“如果说以前的人兽关系是恐惧和制伏，那么现在的人兽关系正在走向尊重与共生。此次亚洲象北迁，让我们看到人兽相处未来的发展方向，那就是相互尊重、保障安全、和谐共生。秉持着这样的原则，人与自然将迈向更加和谐的未来。”

【问题探究】“全民观象”事件带给我们哪些思考和启发？

活动四：历史回眸

“二战”前后，欧美地区正值快速发展的工业时期，工业污染的案例屡见不鲜。

拉夫运河便有一段不堪回首的记忆。位于美国加州的拉夫运河是一个世纪前为修建水电站而挖成的一条运河，20 世纪 40 年代被废弃。1942 年，美国胡克电化学公司购买了这条运河，将其当作垃圾仓库，倾倒了大量工业废弃物，并持续了 11 年。

1953 年，这条充满各种有毒废弃物的运河被公司填埋覆盖好后转赠给当地的教育机构。此后，纽约市政府在这片土地上陆续开发了房地产，盖起了大量的住宅和一所学校。从 1977 年开始，这里的居民不断出现各种怪病，孕妇流产、儿童夭折、婴儿畸形、癫痫、直肠出血等病症频频出现。

在居民的质问下，美国纽约州卫生部门采取行动，着手进行环境检测。

1978 年 4 月，纽约卫生部部长罗伯特·万雷前往视察，他亲眼见到以前埋在地下的金属容器露出了地面，流出黏糊糊的液体，像是重油一样，又黑又稠。1978 年 8 月 2 日，纽约州卫生部门发表声明，宣布拉夫运河处于紧急状态，命令关闭第 99 街的幼儿园和学校，建议孕妇和两岁以下的孩子撤离，并委任机构马上执行清理计划。

小区居民纷纷起诉排放化学废料的胡克电化学公司，但胡克公司在多年前就已经将运河转让，并附上了有毒物质的警告书，诉讼屡遭失败。直到 1980 年 12 月 11 日，美国国会通过了著名的《综合环境反应、赔偿和责任法》（又名《超级基金法》）。该法案最重要的条款之一，就是针对责任方建立“严格、连带和具有追溯力”的法律责任，不论潜在责任方是否实际参与或造成了场地污染，也不管污染行为发生时是否合法，潜在责任方都必须为污染负责。根据这部法律，胡克电化学公司和纽约州政府被认定为加害方，共赔偿受害居民经济损失和健康损失费 30 亿美元。

【问题探究】结合课本上的伦敦雾事件，请思考：这些著名的环境污染事件带给我们的教训和启发是什么？

【设计意图】本板块选取了两个典型事件，聚焦事件给我们带来的启发，引导学生通过思考和交流认识到，“追求人与自然和谐共生，既是人类面对生态危机作出的智慧选择，也是人类的共识和时代的选择”。

环节三　抉择——坚持绿色发展道路

活动五：铜川蝶变

铜川于 1958 年建市，是西安之后陕西省的第二个省辖市。路遥《平凡的世界》里的主人公孙少平曾经挖煤的“铜城”，便是现实中的铜川。

铜川名中虽有“铜”，却是一座因煤而兴的城市，是一个以煤炭、水泥、铝业等为基础的资源型工业城市。铜川境内煤炭、石灰石、油页岩、石油储量丰富，是西北重要的能源建材基地。

1993 年铜川被中央电视台《中华环保世纪行》栏目称为“卫星上看不见的城市”。20 世纪末的铜川，整个工业、生活都需要烧煤，人们鼻子里都是煤灰。当时在医学上有个新名词叫“铜川肺”。铜川人的肺部纹理普遍粗大，气急、胸痛、咯痰等平均检出率为35.8%。历经六十载开采后，铜川于2009年被列入全国第二批资源枯竭型城市转型试点。

从20世纪90年代起，铜川坚持“早转型、早主动、早受益”的理念，以产业转型为核心，从工业经济循环发展破题，努力摆脱高耗能、高污染、低效能的粗放型经济，进行产业升级。后来，铜川传统工业实现新跨越，通过用煤发电、用电炼铝、铝深加工以及将电厂灰渣用作水泥生产原料，形成了煤电铝水泥联产联营循环经济产业链，实现了资源多层次转化增值。

为了提供更加适宜人居住的环境，铜川在城市规划中充分考虑生产、生活、生态绿色设计的理念，让居民享受绿色资源，该市的幸福指数、宜居水平不断上升。以照金红色革命老区开发建设为例，铜川坚持“红色即民生、无伤痕开发”理念，政府推动，市场运作，建成了陕西最美小镇，成为城乡统筹的样板。通过景区开发，带动民生改善，实现了农民就地市民化，群众在家门口就能就业，也吸引了一批大学生在此创业。

铜川的绿色转型之路，朱鹮也是“见证者”“受益者”。铜川野外能够观测到百余只朱鹮，仅繁育出的“铜川籍”朱鹮就有85只。绿色低碳循环发展成就了全新的铜川。现在的铜川，不仅产业绿色化，城市也绿色化，成为资源型城市中独特的“风景”。

【问题探究】(1) 铜川蝶变是从什么时候开始的？蝶变是由什么引起的？蝶变前后有哪些不同？

(2) 浙江余村和铜川都在实践“绿水青山就是金山银山”的理念，两者有何异同？

【设计意图】本板块是本课教学的重难点所在，之所以选取铜川蝶变的案例，原因在于：一方面，对于课本上浙江余村的材料，媒体宣传度高，学生在平日的时政播报中经常看到，已经比较熟悉；另一方面，“两山论”实践城市样本的具体情况和实施路径各不相同，但又有共通的东西。将铜川与浙江余村作对比，引导学生归纳总结异同点，有利于突破教学重难点。

八、课外活动

行动——共建共享绿色生活。

长期以来，党和国家积极推动绿色生活相关政策法规建设，推动公众参与，形成社会合力，将“绿色”融入生活。绿色行动蔚然成风，公众生活与环境保护和谐统一。作为中学生，我们可以从点点滴滴的小事做起，在衣、食、住、用、行、游等方面，践行简约适度的生活方式。为了让绿色理念深入人心、绿色生活渐成时尚，请大家以小组为单位设计一张公益宣传海报，并制作一份《绿色生活方式市民手册》。

【设计意图】学习的目的是应用于实践。美丽中国的建设需要每一个人积极参与其中，同时需要加强合作意识的培养。因此，本板块设计拓展活动时，特别考虑到以小组为单位，充分发挥每个学生的主观能动性。成果要求以海报的形式呈现绿色理念，而《绿色生活方式市民手册》则侧重于实操层面的实践意义。

九、教学反思

本课设计了三个环节：第一个环节借描绘心中美景，重在打下一个调子，埋下一颗种子；第二个环节催生种子发芽，让学生领悟当前的发展必须坚持人与自然和谐共生；第三个环节是重难点突破所在，以铜川为典例，深度探究，明确必须坚持绿色发展之路。最后，落实到行动上，从学生的角度学习探究如何让绿色理念深入人心，让绿色生活成为新风尚。

一方面，本课注重以教材为依托，无论是对陶渊明《饮酒·其五》的赏评，还是对伦敦雾事件的分析，包括对浙江余村典型材料的探究等，都是重在用好教材的内容；另一方面，选取适合的素材和教材的案例进行整合，用对比异同等方式让学生整体观照、深度理解，进而全面把握。

本课的设计也有几点不足之处：首先，活动过多，导致每个活动进行的时间有限；其次，素材呈现方式略显单一，不能很好地调动起学生的学习兴趣；再有就是课堂时间的安排上，会因为课内外延展较多而对学生造成一定的学习压力。所以，教师在授课前要认真研读学情，跟学生谈心，以便达成教育教学的有效性和针对性。

第三部分 普通高中“思想政治”

必修2《经济与社会》

第三课《我国的经济发展》

第一框《坚持新发展理念》

□ 山东省济南第九中学 刘磊

一、课标要求

本框题教学内容主要是贯彻《普通高中思想政治课程标准》（2017 年版，2020 年修订）第四部分“课程内容”必修课程“模块 2：经济与社会”内容要求，“2.1 阐述以人民为中心的发展思想和创新、协调、绿色、开放、共享的新发展理念，解释经济发展方式的转变和供给侧结构性改革，评析经济发展中践行社会责任的实例”。

二、教材分析

本框题共有两目的内容。第一目《以人民为中心的发展思想》，阐述以人民为中心的发展思想的内涵、意义和要求；第二目《贯彻新发展理念》，阐述新发展理念的重要意义、内涵和要求。两目分别从两个角度阐释了发展的基本理论。第一目主要从发展的出发点、动力点、落脚点等方面讲为什么发展，为谁发展，靠谁发展，由谁享有发展成果；第二目主要从发展的理念、原则、过程、方法等方面讲如何发展，怎样发展。

三、学情分析

学生在学习本框题之前已经学习了基本经济制度和市场经济体制，对

“以人民为中心的发展思想”和“坚持新发展理念”有了一定的感性认识和初步了解。同时，经过前面的学习，学生具备了一定的经济现象分析能力和国家政策解读能力，掌握了一定的时政素材，这些都为本框题的学习提供了思维基础和知识基础。

四、教学目标

1. 结合我国全面建成小康社会过程中人民生活的变化，理解以人民为中心的发展思想，懂得以贯彻人民为中心的思想就是发展为了人民、发展依靠人民、发展成果由人民共享，并自觉树立以人民为中心的思想。

2. 结合我国全面建成小康社会过程中贯彻新发展理念的典型成就，理解新发展理念的内涵，明确新发展理念所要解决的问题、重要性以及实践要求，提高自主学习、交流合作的能力，提高分析问题、解决问题的能力，认同我国全面建设小康社会所取得的成就，认同我国的新发展理念。

3. 通过课堂微辩论活动，明确新时代青少年所应承担的民族复兴大任，自觉树立并贯彻新发展理念。

五、教学重点难点

1. 教学重点：以人民为中心的发展思想和新发展理念。

2. 教学难点：全面准确理解新发展理念。

六、教学方法

教学方法主要有议题式教学法、探究式教学法、讲授法等。

七、教学过程

【课堂导入】百年岁月峥嵘，百年砥砺奋进。在庆祝中国共产党成立 100 周年大会上，习近平总书记代表党和人民庄严宣告：“我们实现了第一个百年奋斗目标，在中华大地上全面建成了小康社会。”这是我们迈向中华民族伟大复兴的关键一步，社会主义中国以更加雄伟的身姿屹立于世界东方。今天，我们就以“全面小康社会建设”为题，来探究我国经济社会发展中是如何坚持新发展理念的。

【总议题】应如何坚持新发展理念？

环节一 从“全面小康社会建设”看以人民为中心的发展思想

分议题1：如何坚持以人民为中心的发展思想？

【议题情境】小康不小康，关键看老乡。全面建成小康社会，兑现了我们党向人民、向历史作出的庄严承诺，实现了14亿多中国人民的共同期盼，人民群众的生活更加美好。在重庆乡村，田园变花园、农区成景区，百姓的日子越过越红火；在江西井冈山，四车道盘山高速公路蜿蜒在崇山峻岭之间，将井冈山纳入全国高速网；在偏远山区，远程教育工程，让孩子们享受到优质的教育资源……从人居环境到生活品质，从衣食住行到教育医疗，实实在在的成就托举起人民群众“稳稳的幸福”。全面建成小康社会，人民群众不仅是受益者，也是参与者。全面建成小康社会的历史性成就，凝聚着中国人民的聪明才智，浸透着中国人民的辛勤汗水，展现了中国人民自强不息创造美好生活的精气神。

【议学活动】（1）我国在全面建设小康社会的征程中是如何坚持以人民为中心的？

（2）生活中，你周围的人对美好生活都有哪些需要？国家是通过哪些政策来满足人民对美好生活需要的？

【设计意图】展示全面小康社会建设的成就，使学生充分感受到我国以人民为中心的发展思想，明确为谁发展、靠谁发展、由谁享有发展成果这个根本问题，懂得如何坚持以人民为中心。同时，分享身边人的美好生活，可以帮助学生更加真切地感受到以人民为中心的发展思想就在身边，明确以人民为中心就是不断满足人民日益增长的对美好生活的需要。

【议学提示】通过议学活动，明确以人民为中心发展思想的三点内容：

（1）内涵：把实现人民幸福作为发展的目的和归宿，做到发展为了人民、发展依靠人民、发展成果由人民共享。

（2）要求：发展为了人民，就是要从人民群众的根本利益出发谋发展、促发展，不断满足人民对美好生活的需要，努力促进人的全面发展。发展依靠人民，就是要把人民作为发展的力量源泉，充分尊重人民主体地位和人民群众的首创精神，不断从人民群众中汲取智慧和力量，依靠人民创造历史伟业。发展成果由人民共享，就是要使发展成果惠及全体人民，逐步实现共同富裕。

（3）意义：以人民为中心的发展思想，反映了坚持人民主体地位的内在要求，彰显了人民至上的价值取向，确立了新发展理念必须始终坚持的基本原则。

环节二 从“全面小康社会建设”看坚持新发展理念

分议题2：怎样正确理解并坚持新发展理念？

【议题情境】立时代之基、应时代之变，以习近平同志为核心的党中央团结带领中国人民砥砺前行、开拓创新，以新发展理念为指引，统筹推进“五位一体”总体布局，协调推进“四个全面”战略布局，全面建成小康社会。

这是惠及全体人民的小康，“一个都不能少”。截至2021年，历经8年近1亿农村贫困人口实现脱贫，832个贫困县全部摘帽。这是城乡区域协同发展的小康，“一个都不掉队”。深入推进西部大开发、东北全面振兴、中部地区崛起、东部率先发展。这是绿色发展的小康，“绿水青山就是金山银山”。绿色发展全面推进，努力打造青山常在、绿水长流、空气常新的宜居生态，彰显了全面建成小康社会的美丽底色。同时，创新驱动成就显著，经济发展后劲不断增强。“十三五”期间，中国研发投入强度从2.06%增长到2.4%，基础研究经费增长近一倍；创新能力综合排名从2015年第29位跃升至2020年第14位；物联网、大数据、云计算广泛应用，“互联网+”“智能+”等催生的移动支付、电子商务、平台经济等新产业、新业态、新模式迅猛发展。对外开放不断深化，从广交会、服贸会、进博会到消博会，一个个共享机遇的开放平台，勾勒出中国加快构建新发展格局的壮阔图景。

【议学活动】（1）小组展示。以小组为单位分享课前搜集的资料，交流我国在贯彻五大发展理念方面取得的成绩和存在的问题。

（2）结合情境材料和各小组的分享，谈一下我国全面建设小康社会的过程中是如何坚持新发展理念的。五大发展理念之间的关系是怎样的。

【设计意图】全面建设小康社会的过程也是贯彻新发展理念的过程，学生在课前通过小组活动，搜集我国当前在贯彻五大发展理念方面取得的成绩和存在的问题，课上进行小组展示并借助解读“全面小康社会建设”来开展议题探究，深入理解如何贯彻创新、协调、绿色、开放、共享五大发展理念。通过探究，明确五大发展理念所要解决的问题、重要性、实践要求以及五大发展理念之间的关系。

【议学提示】(1) 通过议学活动，教师引导学生分别从新理念要解决的问题、重要性以及实践要求三个方面来分析五大发展理念。最后教师以表格的形式来总结归纳。

表 9-1　全面理解新发展理念

新理念	解决问题	重要性	实践要求
创新	发展动力问题	创新是引领发展的第一动力	◆把创新摆在国家发展全局的核心位置 ◆不断推进理论创新、制度创新、科技创新、文化创新等各方面创新 ◆让创新贯穿党和国家一切工作，让创新在全社会蔚然成风
协调	发展不平衡问题	协调发展是持续健康发展的内在要求，是发展平衡和不平衡的统一	◆坚持协调发展，正确处理发展中的重大关系，重点促进城乡区域协调发展 ◆促进经济社会协调发展，促进新型工业化、信息化、城镇化、农业现代化同步发展，不断增强发展的整体性
绿色	人与自然和谐共生问题	绿色发展是永续发展的必要条件和人民对美好生活追求的重要体现，生态文明建设是关系中华民族永续发展的千年大计	◆坚持绿色发展，坚持节约资源和保护环境的基本国策，坚持可持续发展，坚定走生产发展、生活富裕、生态良好的文明发展道路 ◆建设美丽中国，形成节约资源和保护环境的空间格局、产业结构、生产方式、生活方式，建设人与自然和谐共生的现代化

表9-1（续）

新理念	解决问题	重要性	实践要求
开放	发展内外联动问题	开放带来进步，封闭必然落后，开放是国家繁荣发展的必由之路	◆坚持开放发展，顺应我国经济深度融入世界经济的趋势 ◆奉行互利共赢的开放战略 ◆遵循共商共建共享原则 ◆发展更高层次的开放型经济，推动构建人类命运共同体
共享	社会公平正义问题	广大人民群众共享改革发展成果是社会主义的本质要求。共享发展是我们党坚持全心全意为人民服务根本宗旨的重要体现	◆坚持共享发展，作出更有效的制度安排，坚持全民共享、全面共享、共建共享、渐进共享 ◆使全体人民有更多获得感、幸福感、安全感 ◆朝着共同富裕方向稳步前进

（2）关于五大发展理念的关系，需要明确如下几点：新发展理念是习近平新时代中国特色社会主义经济思想的主要内容。创新、协调、绿色、开放、共享的发展理念，相互贯通、相互促进，是具有内在联系的集合体，要统一贯彻，不能顾此失彼，也不能相互替代。我们要把新发展理念完整、准确、全面贯穿于发展全过程和各领域，构建新发展格局，切实转变发展方式，推动质量变革、效率变革，实现更高质量、更有效率、更加公平、更可持续、更为安全的发展。

环节三　从“新时代中国青年的使命”谈贯彻新发展理念

分议题3：新时代青年学生应如何贯彻新发展理念？

【议题情境】在成功实现了第一个百年奋斗目标、全面建成了小康社会后，正式开启了全面建成社会主义现代化强国的第二个百年奋斗目标的征程。同时，我们依然面临不少困难和挑战。发展不平衡不充分的一些突出问题尚未解决，发展质量和效益还不高，创新能力不够强，实体经济水平有待提高，生态环境保护任务依然艰巨；民生领域还有不少短板，城乡区域发展和收入分配差距仍然较大，群众在就业、教育、医疗、托育、养老、住房等方面面临不少难题。

【议学活动】在全面建成社会主义现代化强国的征程中，我们需要进一步贯彻新发展理念。对此，有人认为贯彻新发展理念是国家的事，与我们普通百姓特别是中学生没有关系。你怎样看？

【设计意图】未来属于青年，希望寄予青年，新时代的中国青年要以实现中华民族伟大复兴为己任，增强做中国人的志气、骨气、底气，不负时代，不负韶华，不负党和人民的殷切期望。在我国全面建成小康社会后，我们迎来了向着全面建成社会主义现代化强国的第二个百年奋斗目标迈进的伟大征程，这一目标的实现需要全党全国各族人民持续奋斗。以辩论的形式，引导学生明确自身责任，树立远大理想，脚踏实地，从自身做起，从现在做起，积极为贯彻新发展理念贡献力量，为实现第二个百年奋斗目标奉献青春。

【议学提示】通过学生辩论，阐明观点，教师重点引导学生明确在自身成长中要自觉树立并贯彻新发展理念。青年兴则国家兴，青年强则国家强。作为新时代青年学生，只有把人生理想融入国家和民族的事业中，才能最终成就一番事业。青年学生要胸怀复兴中华民族之志，常念建设祖国之梦，脚踏实地，在奋斗中释放青春激情、追逐青春理想，以青春之我、奋斗之我，让青春在全面建设社会主义现代化国家的火热实践中绽放绚丽之花。因此，具体可以引导学生明确如下几点：

（1）培养创新意识，提高创新能力。青年学生在认真学习科学文化知识的同时，更重要的是树立创新意识，培养创新思维，注重实践，提高创新能力；以兴趣为起点，用问题触动思考，善于反思，敢于质疑，勇于创新；积极参加创新创业大赛，将创新作为思维的催化剂和进步的驱动力，迸发青年学生应有的激情与活力，在创新创业的舞台上散发自己的光彩。

（2）协调四个关系，实现全面发展。对青年学生来说，要实现自身的全面发展，就要协调好四个关系：一是人与人之间的关系，二是人与社会的关系，三是自我的身心关系，四是所学学科之间的关系。

（3）增强环保意识，践行低碳生活。作为青年学生，必须要增强自身的环保意识。环境保护，要从点滴做起，从自我做起，从现在做起，节约公共资源，进行垃圾分类，节约粮食，光盘行动，低碳出行，低碳生活。同时，更要积极参加环保志愿活动，进行环保知识义务宣传，号召广大民众参与到环保行动中来。

【课堂小结】这节课我们以我国全面建成小康社会这一重大时政素材为情境主线，围绕“应如何坚持新发展理念”这一总议题，通过从“全面小康社会建设”看以人民为中心的发展思想、从“全面小康社会建设”看坚持新发展理念、从“新时代中国青年的使命”谈贯彻新发展理念三个篇章的议学活动，明确了坚持新发展理念就是要坚持以人民为中心的发展思想，深入贯彻创新、协调、绿色、开放、共享的新发展理念，继续为实现党的第二个百年奋斗目标而不懈努力。

八、课外活动

走进社区，开展以“垃圾分类，低碳生活”为主题的垃圾分类知识宣传的社会实践活动，宣传绿色发展理念，讲解垃圾分类的基本知识和垃圾分类的重要性，为推进家庭生活垃圾分类工作贡献自己的力量。

九、教学反思

本节课采用议题式教学方法，引导学生在搜集资料、探究问题、交流展示、观点辩论、社会实践中深切感悟我国全面建设小康社会所取得的巨大成就，以及发展思想和发展理念在其中起到的巨大作用，从而增强学生贯彻新发展理念的自觉性，担负起时代使命的责任感。

在教学中，新发展理念对学生来说具有一定的理论抽象性，虽然学生在课前通过搜集材料对五大发展理念有了初步了解。但是要上升到理论高度，还需要教师帮助学生进行梳理并作详细讲解。这一部分在讲授过程中略显枯燥，如果能够给学生呈现更多的鲜活情境，效果可能会更好。

第四部分 大学“习近平新时代中国特色社会主义思想概论”

第十二讲《建设社会主义生态文明》

□山东师范大学马克思主义学院 冯芸

一、教材分析

本节分二目。第一目《坚持习近平生态文明思想》，阐释习近平生态文明思想的丰富内涵和主要内容；第二目《推动绿色发展，促进人与自然和谐共生》，通过对人与自然和谐发展新格局的介绍，阐明新时代推动绿色发展，加强生态文明，建设美丽中国需要遵循的基本原则。

二、学情分析

1. 从认知结构来看，学生对生态文明、美丽中国这些词语有所了解，但对词语所蕴含的科学内涵以及两者之间关系的理解并不深入、透彻。

2. 从思维特点来看，学生大多只是从国家政策层面来理解生态文明建设，没有充分认识到建设生态文明是涉及生产方式、生活方式、思维方式和价值观念的革命性变革。

3. 从情感特点来看，学生大多认为生态文明建设、美丽中国建设是国家、政府的事情，对每一个公民能够作出的贡献还没有充分的认识。

三、教学目标

1. 知识目标：让学生系统把握新时代中国特色社会主义生态文明建设的原则、部署和目标，引导学生深入了解我国生态文明建设的体制机制，并在此基础上加深对生态文明建设在“五位一体”总体布局中重要地位的理解。

2. 能力目标：让学生深刻领会习近平总书记相关重要论述的精神实质，提高运用马克思主义关于人与自然关系理论分析解决生态环境问题的能力，自觉形成良好绿色生活行为习惯。

3. 情感、态度、价值观目标：培养学生敬畏自然、尊重自然、顺应自然、保护自然的自觉性和建设美丽中国的使命感，增强学生对中国特色社会主义理论的道路自信、理论自信、制度自信、文化自信，坚定深入推进中国特色社会主义事业的信心。

四、教学重点难点

1. 教学重点：从理论上讲清楚生态文明建设与建设美丽中国的关系。

2. 教学难点：理论联系实际，回答如何建设美丽中国的问题。

五、教学方法

综合运用讲授、案例分析、协作探究等教学方法。

六、教学过程

【导入】经典阅读：为学生摘录、展示习近平同志出席全国生态环境保护大会并发表重要讲话中的核心观点。

【教师引导思考】党的十八大以来，我们国家在生态文明建设中取得了重要成就，这些实践成就的取得，离不开正确思想的指引。以习近平同志为核心的党中央站在坚持和发展中国特色社会主义、实现中华民族伟大复兴的中国梦的战略高度，提出了一系列新理念、新思想、新战略，形成了习近平生态文明思想。

1. 为什么要建设生态文明

生态文明建设，作为一种执政理念和实践形态，贯穿于中国共产党带领全国各族人民实现全面建成小康社会、向社会主义现代化强国迈进的奋斗目标过程中，贯穿于实现中华民族伟大复兴美丽中国梦的历史愿景中。

（1）从人与自然关系的发展演进视角看

【图片与视频展示】展示四种文明的图片、视频资料，使学生了解人类文明演进过程。

【教师总结引导】人类文明形态演化的逻辑分为原始文明、农业文明、工业文明和生态文明。纵观人类文明发展史，生态环境是人类生存和发展的根基，生态环境变化直接影响文明兴衰演替。生态兴则文明兴，生态衰则文明衰。生态环境没有替代品，用之不觉，失之难存。

（2）从生态文明中国道路的经验总结来看

【视频展示】观看视频短片《植树节历程》，使学生了解党中央历代领导集体对生态文明建设的探索。

【教师引导总结】新中国成立以来，党中央历代领导集体持续关注人与自然的关系，着眼不同历史时期社会主要矛盾的发展变化，总结我国发展实践，借鉴国外发展经验，探索性地走出了一条生态文明建设的中国道路。生态文明建设的中国道路发展脉络：环境保护意识觉醒期（毛泽东）——生态环境保护进入立法期（邓小平）——可持续发展理念的实践（江泽民）——中国特色社会主义生态文明建设理念确立（胡锦涛）——走向社会主义生态文明新时代（习近平）。

（3）从满足人民美好生活需要和实现我国高质量发展看

【视频展示】观看视频短片《北京雾霾如此严重》《濒危动物》。

【协作探究】引导同学们分组讨论并分享自己感受到的家乡生态环境状况。

【教师总结引导】从满足人民美好生活需要和实现我国高质量发展看，当今世界存在着两大生态问题：一类是工业化过程中排放大量废水、废气、废渣带来的环境问题，另一类是由于不合理开发利用自然资源导致的森林锐减、水土流失、土地沙漠化和物种灭绝等生态破坏问题。中国是发展中国家，两类问题兼而有之。

2. 建设什么样的生态文明

【经典阅读】为学生摘录习近平总书记关于生态文明建设的代表性讲话。

【深入探究】引导学生思考习近平总书记的讲话为我们提出了哪些新时代推进生态文明建设需要坚持的基本原则？

【教师总结引导】习近平生态文明思想深刻回答了“为什么建设生态文明，建设什么样的生态文明，怎样建设生态文明”的重大理论和实践问题，是我们党的重大理论和实践创新成果，进一步丰富和发展了马克思主义关于人与自然关系的思想，为建设美丽中国、推进生态文明建设提供了基本的原则遵循。

（1）以“人与自然和谐共生”为本质要求。恩格斯指出：“我们不要过分陶醉于我们人类对自然界的胜利。对于每一次这样的胜利，自然界都对我们进行报复。”党的二十大报告中明确指出：“尊重自然、顺应自然、保护自然，是全面建设社会主义现代化国家的内在要求。”因此，人类只有尊重自然、顺应自然、保护自然，才能实现经济社会可持续发展。

（2）以“绿水青山就是金山银山”为基本内核。绿水青山和金山银山绝不是对立的，保护生态环境就是保护生产力，改善生态环境就是发展生产力。“既要绿水青山，也要金山银山”，强调两者兼顾，要立足当前，着眼长远。“宁要绿水青山，不要金山银山”，说明生态环境一旦遭到破坏就难以恢复，因而宁愿不开发也不能破坏。只要坚持正确的发展理念和思路，因地制宜地选择发展产业，让绿水青山充分发挥经济和社会效益，就可以实现经济效益、社会效益、生态效益同步提升，实现百姓富、生态美的有机统一。

（3）以“良好生态环境是最普惠民生福祉”为宗旨精神。生态文明建设，不仅可以改善民生，增进群众福祉，还可以让人民群众公平享受发展成果。从“建设生态文明，关系人民福祉，关乎民族未来”的深谋远虑，到“环境就是民生，青山就是美丽，蓝天也是幸福”的辩证思考，习近平总书记强调，良好生态环境是最公平的公共产品，是最普惠的民生福祉；加强生态文明建设、加强生态环境保护“既是重大经济问题，也是重大社会和政治问题”。

（4）以“山水林田湖草是生命共同体”为系统思想。山水林田湖草是一个相互依存、联系紧密的自然系统，共同构成了人类生存发展的物质基础，人的命脉在田，田的命脉在水，水的命脉在山，山的命脉在土，土的命脉在林和草。因此，要像保护眼睛一样保护生态环境，像对待生命一样对待生态环境，在生态环境保护上一定要算大账、算长远账、算整体账、算综合账。

（5）以“最严格制度最严密法治保护生态环境”为重要抓手。党的十八大以来，我们开展了一系列根本性、开创性、长远性工作，完善法律法规，建立并实施中央环境保护督察制度，深入实施大气、水、土壤污染防治三大行动计划，推动生态环境保护发生历史性、转折性、全局性变化。

（6）以“共谋全球生态文明建设”彰显大国担当。习近平总书记以全球视野、世界眼光、人类胸怀，积极推动保护生态环境，应对气候变化这一人类面临的共同挑战。习近平在多个国际场合宣称，中国将继续承担应尽的国际义务，同世界各国深入开展生态文明领域的交流合作，推动成果共享，携手共建生态良好的地球美好家园。

3. 怎样建设美丽中国

【情境设计】播放视频《美丽中国如何绘就》。

【协作探究】让同学们谈谈自己对建设美丽中国的建议。

【教师总结引导】“美丽中国”是党的十八大提出的概念，要求人与自然和谐共生，尊重自然、顺应自然、保护自然。要实现这一目标，就必须把生态文明建设放在突出地位，融入经济建设、政治建设、文化建设、社会建设各方面和全过程。建设生态文明是中华民族永续发展的千年大计，关系人民福祉，关乎民族未来，功在当代，利在千秋。党的二十大报告中再次强调：“必须牢固树立和践行绿水青山就是金山银山的理念，站在人与自然和谐共生的高度谋划发展。”

（1）加快构建生态文明体系

【课堂实践活动】（安吉解法）利用3D虚拟仿真实验让学生了解习近平总书记提出“两山”重要理论的过程和浙江安吉生态环境发生的重大变化。

构建生态文明体系，是一场包括发展方式、治理体系、思维观念等在内的深刻变革。习近平总书记强调，要加快构建生态文明体系，加快建立健全以生态价值观念为准则的生态文化体系，以产业生态化和生态产业化为主体的生态经济体系，以改善生态环境质量为核心的目标责任体系，以治理体系和治理能力现代化为保障的生态文明制度体系，以生态系统良性循环和环境风险有效防控为重点的生态安全体系。这是习近平生态文明思想的具体部署，也是从根本上解决生态环境问题的对策体系，需要坚决落实和长期贯彻。

（2）全面推动绿色发展

【视频展示】第八届中国绿色发展高层论坛在广东东莞圆满召开的新闻。

中国绿色发展高层论坛从2008年开始，已经举办了八届，其目的旨在让全社会共同关注人类环境，让每个人、每个企业乃至每个城市与乡村都成为环境友好型与资源节约型社会的参与者，让绿色责任精神、节约循环意识、低碳环保理念更加深入人心，让中华民族的伟大复兴与人类绿色文明发展共生共赢。

党的二十大报告明确指出，要"加快发展方式绿色转型"，这对推动我国经济社会发展绿色化、低碳化提出了更高要求。

（3）深入推进生态文明体制改革

【图片展示】党的十八大以来我国生态文明建设的成果。

【播放视频】《从一棵树到一片"海"——塞罕坝的生态文明建设》。

【教师总结】党的十八大报告将生态文明建设纳入中国特色社会主义事业的"五位一体"总体布局。党的十九大报告把"坚持人与自然和谐共生"作为新时代坚持和发展中国特色社会主义的基本方略之一，锐意深化生态文明体制改革，坚定贯彻绿色发展理念，生态环境保护面貌焕然一新，我国也成为全球生态文明建设的重要参与者。

新时代生态文明建设的关键在于不断深化生态文明体制改革。目前生态文明体制改革的重点和难点，要求我们要从市场机制、法律法规、管理制度等重点领域着手，促进生态文明体制改革落到实处，提高改革的执行力，释放改革活力，推动生态文明建设。

（4）有效防范生态环境风险

【播放视频】《我们的家园》。

【协作探究】组织学生分组讨论：当前我国生态文明建设存在的突出问题是什么？作为新时代的大学生，能否对美丽中国建设建言献策？

【教师引导】国家安全是安邦定国的重要基石。进入新时代，我国面临更为严峻的国家安全形势，外部压力前所未有，传统安全威胁和非传统安全威胁相互交织，“黑天鹅”事件、“灰犀牛”事件时有发生。必须坚持总体国家安全观，抓住和用好我国发展的重要战略机遇期，把国家安全贯穿到党和国家工作各方面全过程，同经济社会发展一起谋划、一起部署，为全面建设社会主义现代化国家提供坚强保障。

生态环境安全是国家安全的重要组成部分，是经济社会持续健康发展的重要保障。确保生态环境安全，要始终保持高度警觉，防止各类生态环境风险积聚扩散，提高风险防范和应对能力，做好应对任何形式生态环境风险挑战的准备。把生态环境风险纳入常态化管理，系统构建全过程、多层级生态环境风险防范体系。建立健全重点风险源评估预警和应急处置机制，建立生态环境突发事件后评估机制和公众健康影响评估制度。严密防控重点领域生态环境风险，推进“邻避”问题防范化解，着力提升突发环境事件应急处置能力。建立高效科学的自然灾害防治体系，全面提高灾害防控水平，提高全社会自然灾害防治能力，为保护人民群众生命财产安全和国家安全提供有力保障。

（5）提高环境治理水平

【案例分享】根据财政部2021 年7 月国务院新闻办公室新闻发布会上公布的数据，“十三五”期间，全国财政共安排生态环保资金 44212 亿元，年均增长 8.2%。其中，中央财政 19333 亿元，占比达到 43.7%。

【教师引导】我国生态环境保护欠账较多，生态环境保护任务繁重，仍需要大量资金投入。为了解决生态环境治理投入不足、渠道单一，以及市场化投融资机制有待进一步完善等问题，2021 年《中共中央国务院关于深入打好污染防治攻坚战的意见》（以下简称《意见》）印发实施，明确提出提升生态环境治理现代化水平的重大任务。《意见》从深化制度建设、强化制度执行、注重制度落地的层面，着力推动解决当前我国生态环境治理面临的经济和法治等手段运用不够、治理资金投入不足和渠道单一、环境基础设施短板明显、依法治污意识和水平不够高等突出问题，切实把推进生态环境治理体系与治理能力现代化落到实处，对于提升生态环境治理效能、助力深入打好污染防治攻坚战具有重大意义。

4. 结语

我们要建设的现代化是人与自然和谐共生的现代化，既要创造更多的物质财富和精神财富以满足人民日益增长的美好生活需要，也要提供更多优质生态产品以满足人民日益增长的优美生态环境需要。我们将按照尊重自然、顺应自然、保护自然的理念，贯彻节约资源和保护环境的基本国策，加快生态文明体制改革，把生态文明建设融入经济建设、政治建设、文化建设、社会建设各方面和全过程，还自然以宁静、和谐、美丽，给子孙后代留下天蓝、地绿、水清的生产生活环境，努力开创社会主义生态文明新时代，建设美丽中国。

七、课外活动

使用虚拟仿真实验的方式，通过小游戏让学生挖掘生活中有关绿色生活方式的细节，完成闯关答题任务，使同学们对绿色生活方式有更形象化、生动化的认识。

八、教学反思

本讲综合运用了创设情境、问题引导、理论提升等方式进行教学设计，注意理论联系实际，充分调动学生参与的积极性，实现师生互动，有效提升了课程的亲和力。但由于班额较大，不能给大多数学生充分展示自身思考的时间和机会。

主题十

崇德向善修身　注重价值导向

第一部分 小学“道德与法治”

▸三年级下册第一单元《我和我的同伴》

第三课《我很诚实》

第一课时《诚实与说谎》

□济南市十亩园小学 王玉秀

一、课标要求

《义务教育道德与法治课程标准》（2022 年版）第三部分“课程目标”中核心素养之“道德修养”第二学段要求“掌握基本的交往礼仪，懂得个人成长离不开社会和他人的支持与帮助，诚实守信”。

二、教材分析

《诚实与说谎》是《道德与法治》（部编版）三年级下册第一单元第三课《我很诚实》第一课时的内容。针对三年级学生的生活实际、成长需求，以及教材整体设计的安排，本单元的教学目标是：一方面让学生具有较为全面的自我认识以及自尊自信的态度，同时，能够了解同伴迥异的个性特征，形成尊重和接纳他人的交往态度；另一方面帮助学生建立友好相处、真诚相待、团结友爱、快乐美好的同伴关系，这种积极的、支持性的同伴关系将为四年级解决更多同伴交往问题打下基础。此外，学校生活中的师生交往、同伴交往，都离不开个人的诚实品质。因此，本单元要引导学生学习诚实品质，帮助学生在同伴交往、师生互动中努力做一个诚实的人。

本课的教学目标还关注了学生说谎的心理原因，学生说谎很多时候是胆怯、虚荣、好胜等心理因素造成的，只有帮助学生克服这些心理问题，才能做到诚实。

三、学情分析

三年级学生的一般年龄为9—10岁，社会观、价值观处于启蒙阶段，是从低年级向高年级的过渡期，生理和心理都有明显变化，是培养学习能力、意志品质和学习习惯的最佳时期。学生的自我意识逐渐发展，逐渐掌握道德原则的评价标准，评价能力开始发展起来。他们往往会提出自己的见解，但不善于全面地评价他人的行为表现。道德感、正义感开始萌芽，但道德认识水平较低，辨别是非的能力不强，很容易受到外界的影响。

三年级学生的心智尚未完全成熟，对社会上某些不诚信的现象没有一个正确的是非价值判断。大多数同学认为诚实是个品行问题，只要说了假话，就是不诚实，对不诚实行为的认识不够全面，对诚实行为的内涵理解也不够丰富和深刻。

四、教学目标

1. 知道诚实就是实话实说，不撒谎、不虚假。

2. 懂得诚实在人与人交往中是立身之本和处事之道，说谎不但害人，更会害己。

3. 懂得诚实需要克服胆怯心理和虚荣心理，能在生活中做到不弄虚作假、不说谎话。

五、教学重点难点

1. 教学重点：懂得诚实在人与人交往中是立身之本和处事之道，说谎不但害人更会害己。

2. 教学难点：知道讲诚实靠自觉，即使有可能给自己带来损失，也应做到诚实。

六、教学方法

教学方法有交流讨论法、案例分析法、体验探究法、事例辨析法等。

七、教学过程

环节一 谈话导入，揭示课题

（一）播放动画故事

播放动画故事《长鼻子的匹诺曹》，引导学生了解：匹诺曹不再说谎，变成诚实的孩子后，与爸爸过上了幸福的生活。

（二）交流并揭示课题

这节课，我们来聊聊“诚实与说谎”这个话题。

【设计意图】通过学生喜欢的动画片引入，既激发学生兴趣，又巧妙地导入课题，引出“诚实与说谎”的话题。

环节二 辨析行为说“诚实”

1. 辨一辨：赞同谁的做法

（1）辨析：播放视频。请看看这些同学的行为，你赞成谁的做法？并说一说原因。

（2）交流讨论，学生发表意见，交流自己的选择。

（3）小结：李东能主动承认错误，是个诚实的孩子；张敏说了谎话，不可取，不是诚实的孩子；邓彬听了老师的表扬没有隐瞒，实话实说，非常让人敬佩。

2. 写一写：诚实的品质

（1）学生在任务单上写一写：哪些行为体现了一个人诚实的品质？

（2）小组内交流，学生汇报所写。

（3）小结：通过刚才的事例分析不难发现，要想做到诚实，就应该主动承认错误；不说谎话，不欺骗、不隐瞒；尊重事实、实事求是、实话实说。这些都是诚实的表现啊！

【设计意图】通过选择、判断图片中同学的行为，初步了解诚实的含义；同学间的讨论与交流，进一步明确了诚实的品质与表现。

环节三 故事屋里品“诚实”

1. 再现诚实榜样，直观感受诚实行为

（1）播放《明山宾卖牛》的故事。

【思考并交流】你喜欢明山宾吗？赞成他的做法吗？为什么？在小组内交流一下。

（2）请同学们交流自己的观点。

（3）小结：明山宾没有隐瞒牛的病情，没有欺骗买主，敢于承担责任，这正是他诚实的体现啊！即使很贫穷，他也坚守了道德底线。相信同学们一定十分敬佩明山宾。

2. 感情升华，品味中华传统美德

（1）播放课件，呈现中华传统美德名言。

（2）小结：从古至今，诚实是中华民族的传统美德，诚实是做人之本！

【设计意图】通过听故事、辨析明山宾的行为，让学生进一步品读了诚实的深层含义，明确诚实是中华民族的传统美德，是做人之本。

环节四 事例分析拆“谎言”

1. 播放典型事例，聚焦“谎言”

（1）展示图文、音频，思考：小文同学是不是诚实的孩子？他为什么这么说呢？

（2）续编故事：小文这样说，后面会发生什么事呢？请同学们把这个故事续编下去。

（3）思考：小文家里根本没有金鱼的事实还是会被同学们发现的！大家会怎样看待这件事情呢？

（4）学生在小组内讨论，全班交流。

2. 典型案例分析，拆穿“谎言”

（1）静心思考：虽然小文很后悔，也想下定决心改掉说谎的毛病，但没有做到，结果是不仅自己出了丑，还让同学们失去了对他的信任，没有朋友。小文很苦恼，你能帮帮他吗？这件事又给你什么启示呢？

（2）小结：小文的事例告诉我们，说谎的确能满足一时的虚荣心，但谎言总有一天会被拆穿。所以，谎言能欺人一时，不能欺人一世，只有诚实才能得到别人的尊重和信任。

【设计意图】通过事例辨析拆穿谎言，学生在循序渐进中逐渐明白了说谎的后果及危害：说谎的确能满足一时的虚荣心，但谎言总有一天会被拆穿。

环节五 明辨因果弃说谎

1. 案例分析，拆穿说谎的原因

（1）展示几幅图片资料，分析说谎的原因。

【讨论】大家都知道说谎是一种非常不好的行为，但有的同学在学习、生活中还是会不由自主地说谎话。原因到底是什么呢？

（2）静心思考：看看别人，再反思一下自己，我们以前是否也因为某种原因而说过谎呢？说谎以后的心情是怎样的呢？有什么不好的后果吗？应该吸取什么教训？

（3）小结：说谎带给我们的，是失去朋友的信任和尊重，有时说谎会造成可怕的后果。

2. 新闻播报，了解谎言的危害

（1）播放一则关于新冠病毒疫情的新闻报道。

【思考】看了这则报道，你有什么想说的？

（2）小结：当然，生活中会有各种各样的状况，可无论如何，说谎都是一种不诚实的表现，不要因为任何原因而去说谎。谎言终有一天会被拆穿，说谎终归是要付出代价的，诚实才是做人之本。

3. 齐诵童谣、推荐诚实故事，摒弃说谎陋习

（1）齐诵诚实的小童谣

诚实小童谣

小朋友，要牢记；诚实美德最重要；
同学之间不欺骗，朋友之间不隐瞒；
父母面前不撒谎，老师面前不夸大；
说错话语要承认，做错事情要改正；
诚实童谣口中念，重要守则记心间；
从小做个诚实人，大家一起来行动！

（2）小结：古往今来，诚实的故事有很多，像《曾子杀猪》《手捧空花盆的孩子》《诚实的孩子》《金斧子的故事》《宋濂借书》等，请同学们课后把这些故事找来好好读一读！

【设计意图】通过观看新闻、事例辨析，引导学生明确，说谎既害人、害己，又会危害社会！诵读诚实小童谣、推荐阅读诚实的故事，进一步引导学生在生活中不弄虚作假、不说谎话。

八、板书设计

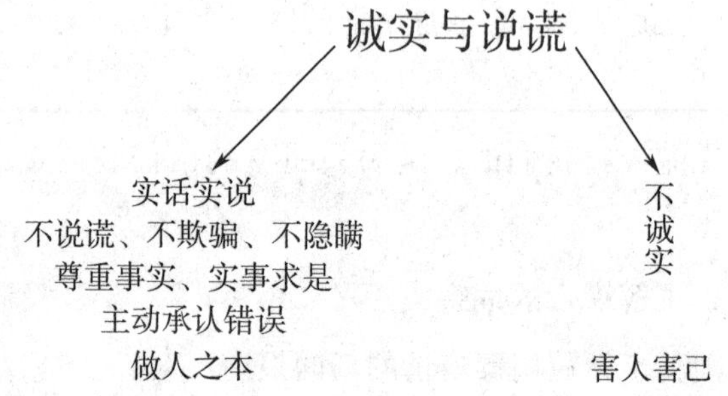

九、课后反思

如何才能将诚实的种子播种并扎根在学生心中，是本课教学的难点。教学中，通过调动学生已有经验，用活动化、生活化的课堂教学让学生在体验中感悟道理，通过正反事例分析让学生感受到只有诚实做人才能最终获益，社会发

展也会因为人与人之间的诚实而进入良性发展。

1. 注重将教材资源与课程资源有机融合。借助教材提供的案例并结合学生自身的经验，引导学生分析、讨论诚实的内涵。在引导学生对教材案例讨论的基础上，将新冠病毒疫情的新闻报道引入教学，让学生进行深入讨论和分析，明白说谎既害人又害己。特别强调了说谎既伤害了关心自己的人，又伤害了自己，从而让学生懂得诚实在与人交往中的重要性及不诚实带来的危害。

2. 注意诚实教育内容的层层推进。在让学生懂得了诚实的内涵和诚实重要性的基础上，教师引导学生分析、讨论中国古代传统美德故事《明山宾卖牛》，让学生懂得，诚实还应当做到对当事人不隐瞒实情，即使有可能会给自己带来损失，也应当讲实话。教材三个案例的辨析，再次明确了诚实还应注意克服虚荣、胆怯、好胜等心理，使学生对诚实的认识得到进一步升华，有效达成第一课时的教学目标，帮助学生养成良好的道德行为习惯，逐步形成良好的思想品质。课上学习中，教师还要有意识引导学生做课堂的主人，积极思考、真实表达。只有这样，才能在活动中激发情感，有更多的时间去思考和自我感悟，从而实现知行合一。

由于本课的内容较多，引导学生对生活事件的辨析讨论不够充分，这是今后需要进一步完善的地方。

第二部分　初中“道德与法治”

七年级上册第三单元《师长情谊》

第七课《亲情之爱》

第二框《爱在家人间》

□山东省淄博第五中学　陈骞

一、课标要求

《义务教育道德与法治课程标准》（2022 年版）第三部分“课程目标”中核心素养之“道德修养”第四学段要求“感念父母养育之恩、长辈关爱之情，能够以感恩的心与父母和长辈沟通，能够为父母分忧解难”，“责任意识”第四学段要求“自觉分担家庭责任……具有较强的责任感”。

二、教材分析

通过教学活动设计，引导学生明白家人之间有爱、有亲情。重在引导学生体验和感悟家人亲情、父母之爱。对当下的学生而言，亲人对自己的关爱已经司空见惯，最熟悉的感情往往最不被重视和珍惜。教材通过创设情境，引导学生重新体悟亲情。

三、学情分析

每个学生的家庭情况不一样，他们身上各自的家庭印记独特而鲜明。对那些重组家庭、单亲家庭、经济困难家庭以及生活不幸家庭的学生来说，家的意味尤为复杂。这些既是宝贵的教学资源，也是本课教学必须予以关注的家庭样态。

初中学生与父母的关系微妙又复杂。一方面，他们渴望得到父母的尊重、信任和关爱；另一方面，随着年龄的增长，他们的自主意识与独立意识逐步增强，不愿意父母过多干涉、束缚自己的学习及生活。于是，两代人的关系时常变得紧张，一边是担心的父母，另一边是苦恼的孩子。本课教学有利于协调、缓和双方的关系。

四、教学目标

1. 感悟父母的爱，增强孝敬父母的观念，增强履行家庭义务的责任意识。

2. 学会对父母表达自己的爱，懂得如何孝亲敬长，如何化解与父母“爱的冲突”，并初步学会辩证地思考问题。

3. 懂得家庭是自己出生和成长的摇篮，知道孝敬父母长辈是中华民族的传统美德，也是法律规定的责任和义务。

五、教学重点难点

1. 教学重点：为什么要孝敬父母和长辈，在生活中如何做到孝亲敬长。

2. 教学难点：如何增进与父母的沟通，将对父母爱的情感转化为爱的行动。

六、教学方法

教学方法有情境教学法、对话教学法等。

七、教学过程

【课堂导入】爱的相册。

PPT 展示习近平总书记和家人在一起的四张照片。

【师】同学们有没有见到过这几张照片？这些照片有什么共同点？

【学生活动】略。

【师】如果用几个词来形容我们的感受的话，应该是“温馨”“幸福”

“美好”等，带给我们这些感受的，正是来自家人之间的那份浓浓的爱。习近平在2017年春节团拜会上的讲话中说：“当今社会快速变化，人们为工作废寝忘食，为生计奔走四方，但不能忘了人间真情，不要在遥远的距离中割断了真情，不要在日常的忙碌中遗忘了真情，不要在日夜的拼搏中忽略了真情。”

今天，就让我们在学习中去好好感受和体悟一下家人间的真情。

【设计意图】借助媒体曾广泛宣传的习近平总书记的家庭生活照，调动起学生的学习兴趣，启发学生从多角度感受家人间的爱，为整堂课的学习确定厚实的基调。

环节一　幸福是和你在一起——体悟亲情

生活中，我们常常把与家人相处的美好瞬间用相机拍下留念，特别是一大家人聚在一起的时候，我们总要拍一张“全家福”。下面，围绕着“全家福”，我们开展几个小活动。

活动一：爱的全景

以文字、图画或口头表达等方式，向大家描绘你最喜爱的一张“全家福”的样貌（可以是自己家的，也可以是别人家的）。

【设计意图】学生通过描绘及分享“全家福”，感受和传递来自家庭和亲人的美好情感。鉴于每个学生的家庭情况不同，同时考虑到有的同学因隐私或性格不便当众分享自己家的“全家福”，也可以向大家描绘一张别人家的“全家福”。为了便于学生发挥各自的特长，倡导学生以多元化形式来描绘“全家福”。

活动二：爱的信号

在一张A4纸上逐一写下“全家福”中每个人的姓名（或称谓），并描述每个人平时在家中主要承担的责任（行为表现）。写好后静心沉思，你有什么新的发现或感悟？

【设计意图】活动一主要呈现一个家庭看得见的全貌，承接于此，通过思考每个家庭成员平时在家里承担的责任，感悟到家庭里每个成员都在默默地为家庭付出，同时思考自己如何扮演好在家庭中的角色。明确这些，为接下来要进行的活动作好了相应的铺垫。

环节二 原来爱也会有烦恼——审视亲情

活动三：爱的烦恼

“全家福”定格的一瞬间，大家都会绽放笑颜。生活中的我们，不可能一直一派祥和、其乐融融，家人间也会有矛盾和冲突。下面我们进入吐槽时间，一起来说说你和家人相处中的烦恼。

学生思考后，先在小组内开展讨论，然后全班一起交流。

【设计意图】前面的活动中侧重的都是家庭里正面的情感体验，实际生活中，家庭中的父母子女间也会时常产生矛盾和冲突。通过本活动，给学生一个表达的出口，将他们心中积累的负面情绪疏导出来，有利于发现问题，为接下来的问题解决作好准备。

活动四：爱的告白

刚才同学们只是在教室里吐槽了一番，当事人听不到，真正要解决问题，还是应该当面把话说开，正面沟通。某卫视曾推出一档关注青少年成长的节目《少年说》，这档节目最大的特色就在于：在全校师生的共同见证下，学生们一个个鼓足勇气，站在校园的天台上，向楼下的家人喊出自己的心声，当众进行沟通。

某一期，罗俊杰站在天台大声向台下的妈妈宣言：“妈，上小学的时候，你要求我每天吃一个苹果，到小学毕业，我总共吃了2190个苹果，小学毕业后，你又要求我每天吃一个鸡蛋，就这样，我又整整吃了一年半的鸡蛋。虽然苹果和鸡蛋都很有营养，但是，妈，我这辈子再也不想吃苹果和鸡蛋了！”

台下的妈妈听完后，对罗俊杰说：“你看你长得这么帅，就是妈妈让你吃苹果和鸡蛋吃出来的！”

在另一期节目里，一名叫李仁志的男生的天台喊话是这样的：“我的妈妈，每天在城市的大街小巷里穿梭，她是一名外卖配送员。我的妈妈，她辛辛苦苦地工作，有时却得不到他人的尊重，有的人甚至会无理取闹，莫名地给差评。我希望大家都能给像我妈妈一样的人多一些善意，因为当你打开门的那一瞬间，看见的有可能是我爸爸捧在手里的‘小公主’。”

此时，台下的妈妈不停地搓着双手，眼里噙着泪花说：“儿子，谢谢你的理解，我以为你会嫌弃我的职业。其实很多客人都很好，无理取闹的是少数，生活里还是善良的人多。”

1. 请分别就两人的天台喊话谈谈你的感受。

2. 如果是你，你会对家人喊出怎样的心声？你觉得家人会如何回应？

【设计意图】上一个活动是不面对当事人的问题呈现，而本活动借节目《少年说》里的两个典型案例，将学生再拉到旁观者、第三方的角度，启发学生冷静思考并认识到，面对家人间产生的不解、矛盾和冲突，我们应采取沟通的方式去解决，而沟通的方法和技巧有哪些，如何才能做到换位思考后的沟通等问题，也在本活动的探究过程中一一得到破解。

环节三 感恩你的一路陪伴——呵护亲情

活动五：爱的密码

运用 PPT 呈现“我的两张全家福”（分别摄于 2005 年和 2020 年）。

1. 请大家认真观察，找出其中的不同之处。

2. 这些变化给你带来了怎样的思考和启发？

3. 以 15 年为期，在“全家福 2035”拍摄前，你打算做哪些行为上的调整或改变？

【设计意图】通过两张间隔 15 年的“全家福”照片，引导学生认识到家庭成员的构成是在变化的，有的人会离开，有的人会到来。另外，每个人的家庭角色也在发生变化。这样，亲人间的情感有了时间的加持，每个人的角色也经历了时间的考验，学生会有一番新的体悟和思考，进一步将时间放到未来 15 年，以此为限，拟订当下的行动计划，做到感恩亲人，呵护亲情。

活动六：爱的诗篇

同学们，家人间的故事是永远说不尽的，家人间的爱是永远值得歌颂的，最后，奉上一首来自香港中文大学的戴畅写的现代诗，与大家分享：

你还在我身旁

瀑布的水逆流而上，
蒲公英种子从远处飘回，聚成伞的模样，
太阳从西边升起，落向东方。
子弹退回枪膛，
运动员回到起跑线上，
我交回录取通知书，忘了十年寒窗。
厨房里飘来饭菜的香，
你把我的卷子签好名字，
关掉电视，帮我把书包背上，
你还在我身旁……

【设计意图】树欲静而风不止，子欲养而亲不待。借助一首简短却充满情感的新颖小诗，进一步升华学生对家及家人的感情。

八、课外活动

爱的记录

一天清晨的公园里，70 多岁高龄的老父亲坐在轮椅上，旁边是他快 40 岁的儿子在公园的椅子上看报。

老人颤巍巍的手抬起来，指着树上的小鸟问身旁的儿子："树上的那是什么啊?"

儿子抬头扫了一眼，继续埋头看报说："那是麻雀。"

过了一会，老人又问："树上的那是什么?"

儿子继续盯着报纸不耐烦地说："那是麻雀!"

老人不一会，再一次指着树上的小鸟问："树上的那是什么?"

儿子抬起了头，厉声说："你管树上的那个是什么有什么用！我跟你说了好几遍了，那是麻雀！是麻雀！麻雀!"

老人看着儿子，嘴唇嚅动了几下，低下头说："对不起。"

后来，老人去世，儿子收拾老人的遗物时，看到一个纸箱子，箱子里装满了自己小时候的玩具还有奖状等东西，在最里面有一本蓝绿色的日记本，儿子翻开日记本，看到这么一篇自己记下的日记。

一天，爸爸抱着我去公园玩，我指着一棵树上的小鸟说："爸爸，树上的那是什么?"

爸爸笑着说："那是麻雀。"

过了一会，我又问爸爸："树上的那是什么?"

爸爸带我靠近那棵树，认真看着那树上的小鸟，然后对我说："那是只小麻雀。"

我指着树上的小鸟再一次问："树上的那是什么?"

爸爸慈爱地摸摸我的头说："那是一只可爱的小麻雀。"

就这样，我问了爸爸好几十遍，爸爸都不厌其烦地回答我："那是麻雀，是小麻雀，是一只跟我儿子一样可爱的小麻雀……"

作为老人的遗物，日记本显得尤其珍贵，因为里面认认真真地记载了家人间的点滴小事，正是在这些点滴小事中，我们感受着家人间的浓浓爱意。课后，请大家利用课余时间写日记，记录生活中的美好时刻。

九、教学反思

本课紧扣家人亲情这一主题，以"全家福"为主线串起整堂课。结构设计比较巧妙，逻辑线索比较清晰。

整体设计时，活动力求贴近学生生活，素材足够引起学生心灵上的共鸣，既能通过教学情境的创设让学生深刻体会家人间的爱，又能以问题的小切口设计让学生有话可说，敢于讲真话。各环节层层铺垫，引导学生把自己的困惑和不解、烦恼和不愉快一股脑儿倾诉出来，然后再启发学生认真、冷静思考，如何正确对待青春期的自我与家人间产生的代际隔阂、矛盾和冲突。最后，在寻求解决之道的基础上，引入时间的感受，再次从整体上体悟亲情，觉醒并持续行动。

拓展活动的设计，应着眼于导知以行，以阅读感悟《爱的记录》为指引，让学生认识到从不同角度不同角色看待同一件事时，感受及行为可能完全不同，而文字记录的方式可以让我们以冷静客观的第三方视角重新审视自己的言行，从而有针对性地作出积极的调整和改变。于是，以记日记的形式记录生活中的温暖时刻就显得格外有现实意义。

第三部分　普通高中“思想政治”

必修4《哲学与文化》

第六课《实现人生的价值》

第一框《价值与价值观》

□临沂市费县第一中学　张继佩

一、课标要求

《普通高中思想政治课程标准》（2017年版，2020年修订）第四部分“课程内容”必修课程“模块4：哲学与文化”内容要求“2.2理解价值观对人们行为的导向作用，探寻实现人生价值的条件和途径，践行社会主义核心价值观”。

二、教材分析

本框题包括三目。第一目《人的价值》，通过“阅读与思考”引导学生区分物的价值和人的价值，阐述价值的含义、人的价值的内涵及其判断依据。第二目《价值观及其导向作用》，通过“阅读与思考”和“相关链接”等内容，阐述价值观的含义、价值观的导向作用。第三目《培育和践行社会主义核心价值观》，通过“阅读与思考”和“相关链接”等内容，阐述社会主义核心价值观是什么，为什么要培育和践行社会主义核心价值观，如何培育和践行社会主义核心价值观。

这三目的逻辑关系是，认识人的价值，意识到价值观对人的导向作用，从而培育和践行社会主义核心价值观，是从认识到实践的过程。

三、学情分析

从认知结构来看，学生对“价值”这个词语有所了解，但对哲学上价值含义的理解，特别是对人的价值的理解还不是很清楚。

从思维特点来看，对人的价值、价值观及其导向作用的认识仅仅在于一些感性认识和表面的思考，缺乏理性分析和科学性分析。

从情感特点来看，学生对黄旭华、南仁东、李保国、钟南山、张伯礼等优秀人物的事迹有所了解，但是缺乏一种更深层次的理解与认同，对于如何学习榜样、如何深入理解他们的人生价值、自觉践行社会主义核心价值观还需要深入学习和加深理解。

四、教学目标

1. 理解价值的含义，阐述物的价值和人的价值的不同，形成对人的价值的正确理解。

2. 阐述价值观的含义，懂得价值观对个人的重要意义。

3. 理解价值观对人们认识世界和改造世界有重要导向作用，价值观是人生的重要向导，影响人生各方面的选择；价值观承载着一个民族和国家的精神追求，体现着一个社会评判是非曲直的标准。

4. 阐述社会主义核心价值观的基本内容、重要意义，阐明社会主义核心价值观既体现了社会主义的本质要求，继承了中华优秀传统文化，也吸收了世界文明有益成果，体现了时代精神，懂得如何培育和践行社会主义核心价值观。

五、教学重点难点

1. 教学重点：人的价值的含义、评价标准，价值观及其导向作用。

2. 教学难点：培育和践行社会主义核心价值观。

六、教学方法

教学方法有议题式教学法、探究式教学法等。

七、教学过程

【导入新课】播放视频《中华人民共和国国家勋章和国家荣誉称号颁授仪式》。

【多媒体展示】习近平强调，“崇尚英雄才会产生英雄，争做英雄才能英雄辈出”，“英雄模范们用行动再次证明，伟大出自平凡，平凡造就伟大。只要有坚定的理想信念、不懈的奋斗精神，脚踏实地把每件平凡的事做好，一切平凡的人都可以获得不平凡的人生，一切平凡的工作都可以创造不平凡的成就”。

【设计意图】通过视频，让学生走进情境，感受国家对作出突出贡献的专家的尊重和认可，感受共和国勋章和国家荣誉称号获得者的伟大与崇高。结合习近平总书记的讲话引导学生思考：这些优秀的人物为什么能成为英雄？他们的人生价值是什么？我们应该如何崇尚英雄、学习英雄、争做英雄？通过一系列的追问，激发学生的学习兴趣和爱国热情，调动学生学习和探究的积极性和主动性，引导学生树立正确的价值观，自然地引入课题《价值和价值观》。

【总议题】为什么培育和践行社会主义核心价值观？

环节一 观察生活，寻找价值

分议题1：如何理解哲学上价值的含义？

【议学活动】小组交流：在生活中，哪些事物对你是有价值的？说出你的理由。

【设计意图】让学生走进生活、观察生活，通过对日常生活中不同物品的作用分析，逐步引导学生总结归纳它们所具有的共同点，即它们都能满足人某些方面的需要，对于人有一定的积极意义。在学生有了初步认知的基础上，进一步引导学生分析“它们这些物品”实际上可以看成哲学上的“客体”，“人”

可以看成哲学上的“主体”，逐步引导归纳出哲学上价值的含义。在此基础上，进一步引导学生分析哲学上的价值与万事万物的具体价值的区别与联系。

【议学提示】哲学上的价值是指客体对主体的积极意义，即一事物所具有的能满足主体需要的积极功能和属性，涵盖了各个领域事物的价值，具有高度的概括性和普遍性。

环节二 倾听故事，理解价值

分议题 2：如何认识人生价值？

【视频展示】播放视频《黄旭华——我的一生属于祖国》。

【视频简介】黄旭华，被誉为中国核潜艇之父，我国第一代核潜艇总设计师，获得国家最高科学技术奖，被授予“最美奋斗者”荣誉称号和中华人民共和国最高荣誉勋章——共和国勋章。为了祖国的核潜艇事业，他隐姓埋名 30 年，为我国国防事业、核潜艇事业的发展作出了重要贡献。这个为核潜艇奉献了毕生精力的老人常说：“这辈子没有虚度，我的一生属于核潜艇、属于祖国！”

黄旭华入党时曾说：“党需要我把血一次流光我做到，党如果不是要求一次流光，而是一滴一滴慢慢流，一直流尽为止，我也坚决做到。”

【议学活动】小组合作探究：黄旭华为什么赢得了人们崇高的敬意？

【设计意图】播放最具有典型性和震撼力的视频，让学生在观看视频的同时深入思考黄旭华是如何做到让自己的一生属于祖国的。他隐姓埋名 30 年潜心研究核潜艇，是为了祖国的发展壮大，是为了不再受列强的欺压，是为了当初入党时的豪迈誓言。通过讨论和展示交流，让学生真正明白“人的价值就在于对社会的责任与贡献，在于能通过自己的活动满足社会、他人和自己的需要”。这样一来，学生便可以从一个鲜活事例的分析中深刻理解人生的价值。

【议学提示】人的价值在于通过自己的活动满足社会、他人和自己的需要，但主要在于对社会的贡献。人既是价值的创造者，又是价值的享受者，是社会价值与自我价值的统一。对一个人价值的评价归根到底是看他的贡献，评价一个人价值的大小，就是看他为人类、社会、国家和人民贡献了什么，最根本的是看他对社会发展和人类进步事业所作的贡献。

环节三　探究根源，感悟价值

分议题3：如何理解价值观的导向作用？

【议题情境】播放视频CCTV1《开讲啦》节目：《黄旭华："毛主席的核潜艇誓言"决定了我一辈子的人生走向》。

【议学活动】小组讨论：是什么让原本想成为医生的黄旭华决定改行？是什么支撑着黄旭华信守承诺，隐姓埋名30年？是什么让黄旭华不畏艰难，为中国的核潜艇奋斗终身？

【设计意图】通过播放这段视频，让学生的思考和情感跟随着黄旭华的开讲，把自己对祖国的热爱和对黄旭华敬佩的情感自然升华，增强学生的爱国热情。学生自然而然地就会想到是毛主席的核潜艇誓言，是正确价值观的导向作用。接着追问：什么是价值观？价值观有什么样的导向作用？同是价值观的导向作用，为什么结果不同？为什么要重视价值观的导向作用？我们该践行什么样的价值观？这样一来，层层递进，探根寻源，引导学生展开讨论和探究，既把本环节的问题有效突破，也对下一环节问题的展开作了铺垫。

【议学提示】价值观是人们在认识事物价值的基础上形成的对事物价值的总的看法和根本观点。价值观在人们认识世界和改造世界的活动有重要导向作用。价值观承载着一个民族和国家的精神追求，体现着一个社会评价是非曲直的标准。人类社会发展的历史表明，对一个民族和国家来说，最持久、最深层的精神力量是全社会共同认可的核心价值观。对我们来讲，就是社会主义核心价值观。

环节四　参与实践，知行合一

分议题4：如何践行社会主义核心价值观？

【议题情境】PPT展示文字和习近平在2014年北京大学师生座谈会上的图片。

【展示文字】"习语"激励。

青年的价值取向决定了未来整个社会的价值取向，而青年又处在价值观形成和确立的时期，抓好这一时期的价值观养成十分重要。这就像穿衣服扣扣子一样，如果第一粒扣子扣错了，剩余的扣子都会扣错。

——2014 年 5 月 4 日在北京大学师生座谈会上的讲话

新时代中国青年要自觉树立和践行社会主义核心价值观，善于从中华民族传统美德中汲取道德滋养，从英雄人物和时代楷模的身上感受道德风范，从自身内省中提升道德修为，明大德、守公德、严私德，自觉抵制拜金主义、享乐主义、极端个人主义、历史虚无主义等错误思想，追求更有高度、更有境界、更有品位的人生，让清风正气、蓬勃朝气遍布全社会！

——2019 年 4 月 30 日在纪念五四运动 100 周年大会上的讲话

社会主义核心价值观是凝聚人心、汇聚民力的强大力量。弘扬以伟大建党精神为源头的中国共产党人精神谱系，用好红色资源，深入开展社会主义核心价值观宣传教育，深化爱国主义、集体主义、社会主义教育，着力培养担当民族复兴大任的时代新人。推动理想信念教育常态化制度化，持续抓好党史、新中国史、改革开放史、社会主义发展史宣传教育，引导人民知史爱党、知史爱国，不断坚定中国特色社会主义共同理想。用社会主义核心价值观铸魂育人，完善思想政治工作体系，推进大中小学思想政治教育一体化建设。坚持依法治国和以德治国相结合，把社会主义核心价值观融入法治建设、融入社会发展、融入日常生活。

——2022 年 10 月 16 日在中国共产党第二十次全国代表大会上的报告

【议学活动】结合习近平总书记的论述，依据教材知识，结合自己的实际和具体做法，分组谈一谈对社会主义核心价值观基本内涵的理解。

【设计意图】本环节通过习近平总书记 2014 年在北京大学和师生交流时提出来的对青年人的期望，结合 2019 年五四运动 100 周年纪念大会上的讲话，激励青年学生要树立正确的价值观，要以实际行动践行社会主义核心价值观，提高学生的政治认同和公共参与素养，激发他们学习和以实际行动为祖国作贡献的热情，从而逐步突破本议题的重点内容，引导学生践行社会主义核心价值观。本部分内容是教学的重点，也是难点，突破的关键是让学生能够把知识与实践结合起来，把社会主义核心价值观的内容和要求内化于心、外化于行，自觉践行社会主义核心价值观。本环节要充分调动学生参与的积极性、主动性和能动性，让学生踊跃发言，教师予以归纳、引导和评价，让学生在交流、展示和讨论的过程中对如何践行社会主义核心价值观这一难点得到突破。

【议学提示】社会主义核心价值观是当代中国精神的集中体现，凝结着全体人民共同的价值追求，是凝聚人心、汇聚民力的强大力量。它体现了社会主义的本质要求，继承了中华优秀传统文化，吸收了世界文明有益成果，体现了时代精神。社会主义核心价值观的基本内容包括国家、社会、个人三个层面，共24个字，它回答了我们建设什么样的国家、建设什么样的社会、培育什么样的公民的重大问题，为培育和践行社会主义核心价值观提供了基本遵循。

如何践行社会主义核心价值观？结合党的二十大，可以从国家、社会、个人三个层面予以分析。

从国家、社会的角度：（1）深入开展社会主义核心价值观宣传教育，深化爱国主义、集体主义、社会主义教育，着力培养担当民族复兴大任的时代新人；（2）用社会主义核心价值观铸魂育人，完善思想政治工作体系，推进大中小学思想政治教育一体化建设；（3）坚持依法治国和以德治国相结合，把社会主义核心价值观融入法治建设、融入社会发展、融入日常生活。

从个人角度：（1）培育和践行社会主义核心价值观，要使核心价值观的影响像空气一样无所不在、无时不有；（2）使社会主义核心价值观与人们的日常生活紧密联系起来，在落实上下功夫；（3）使社会主义核心价值观内化为人们的精神追求，外化为人们的自觉行动。

广大青少年如何树立和培育核心价值观：(1）要勤学，(2）要修德，(3）要明辨，(4）要笃实。

八、课外活动

选取典型榜样，结合所学知识，请以“我的人生价值”为主题写一篇人生感言，规划自己今后的人生道路。

九、教学反思

本课时围绕“为什么培育和践行社会主义核心价值观”这一总议题，以核潜艇之父黄旭华的事迹为议题情境，通过“观察生活，寻找价值”“倾听故事，理解价值”“探究根源，感悟价值”“参与实践，知行合一”四个相互联系的环节依次展开四个分议题：如何理解哲学上价值的含义，如何认识人生价值，如何理解价值观的导向作用，如何践行社会主义核心价值观。

选取的议题情境，既有日常生活中的事例，也有为国家发展作出突出贡献的“共和国勋章”获得者，既有重大社会热点，又有《开讲啦》等学生特别喜欢的节目，还有党的二十大报告的原文。情境的设置贴近学生、贴近生活、贴近社会，能够给学生的思考和探究提供有效的载体。四个议题的突破环环相扣、一气呵成，达到了良好的教学效果，切实起到了立德树人，铸魂育人，提升学生核心政治素养的目的。但是，因为时间和条件的限制，在第四个议题的突破上缺乏一点实践性和真实性，稍显不够充分。可以安排学生自觉参与社区志愿服务活动，以实际行动践行社会主义核心价值观。

第四部分　大学“思想道德与法治”

第四章《明确价值要求　践行价值准则》

第二节《社会主义核心价值观的显著特征》

□山东师范大学马克思主义学院　刘旭

一、教材分析

本讲的内容共有三个问题。第一个问题“反映人类社会主义发展进步的价值理念”，阐述了社会主义核心价值观的先进性，强调“社会主义”是社会主义核心价值观的本质属性，一方面扎根中华优秀传统文化土壤，另一方面吸纳世界文明有益成果。第二个问题“彰显人民至上的价值立场”，阐述了社会主义核心价值观的人民性，坚持以人民为中心，坚守人民立场是社会主义核心价值观的根本立场。第三个问题“因真实可信而具有强大的道义力量”，阐述了社会主义核心价值观的真实性，通过对比西方“普世价值”的理论与实践上的虚伪性，揭示社会主义优越性的深层原因。

二、学情分析

从认知结构来看，学生对社会主义核心价值观的认知主要停留在记忆的层面。中小学注重培养中小学生诚实守信、爱护公物、保护环境、以礼待人等价值规范，学生对社会主义核心价值观的先进性、人民性与真实性本质属性的理解与掌握尚显不足。

从思维特点来看，学生主要从个人价值与社会价值的视角理解社会主义核心价值观的科学内涵，但尚未从中国特色社会主义制度优越性的角度来总结社会主义核心价值观的显著特征。

三、教学目标

1. 知识目标：让学生了解社会主义核心价值观的理论渊源、文化底蕴、现实基础，引导学生深入理解社会主义核心价值观的显著特征——先进性、人民性和真实性。

2. 能力目标：让学生主动了解个人价值观与社会主义核心价值观之间的内在关联，将社会主义核心价值观内化为自身的是非观、义利观、美丑观，外化为行为守则。

3. 价值观目标：引导学生将个人的“德”与国家的“德”联系到一起，增强学生的社会主义核心价值观自信。

四、教学重点难点

1. 教学重点：社会主义核心价值观的显著特征。

2. 教学难点：社会主义核心价值观的本质属性、人民立场、道义力量，彰显社会主义的优越性，坚定价值观自信。

五、教学方法

本节课综合运用议题式、讲授式、讨论式、情境式等教学方法，深化对主题的认知和体验。

六、教学过程

【导入】议题讨论。

有人认为社会主义核心价值观仅仅只是宣传标语，对此你有什么看法？

【学生观点呈现】

（1）有观点认为，社会主义核心价值观的国家层面来自“五位一体”总体布局，社会层面来自“四个全面”战略布局，个人层面来自市民公约。

（2）有观点认为，社会主义核心价值观来自中华优秀传统文化。孟子曰："圣人有忧之，使契为司徒，教以人伦，父子有亲，君臣有义，夫妇有别，长幼有叙，朋友有信。"修身齐家治国平天下，自古以来就是仁人志士的追求。

（3）有观点认为，社会主义核心价值观是刻在每个中国人骨子里的教养，是人民综合素质、社会文明程度和人类文明新形态的综合体现。社会主义核心价值观自信是中国特色社会主义道路自信、制度自信、理论自信、文化自信的底气与骨气。

1. 社会主义核心价值观的理论渊源

本部分主要从马克思主义理论和中国特色社会主义理论体系的角度分析社会主义核心价值观自信的理论基础。价值观是判断是非、对错、善恶、美丑、优劣、荣辱的总观点、总看法。社会主义核心价值观充分彰显了中国特色社会主义的优越性。

（1）社会主义核心价值观的马克思主义理论渊源

马克思指出："每个人的自由发展是一切人的自由发展的条件。"自由是马克思主义的最高价值，在自由人联合体中，每个人都可以追求心中所爱，实现心中所想，成就出彩人生。在消灭剥削和阶级之后，人不再被金钱、权势所压迫，而是为了热爱而奋斗终身。不同于资本主义所倡导的"贸易自由""交易平等""金钱民主"，马克思主义所代表的是最广大人民的利益，始终以全人类解放为最高理想，这是马克思主义的道义力量和人性光辉。

（2）社会主义核心价值观的中国特色社会主义理论渊源

党的二十大报告指出："社会主义核心价值观是凝聚人心、汇聚民力的强大力量。"建党百年来，中国共产党带领中华民族和中国人民实现了站起来、富起来、强起来的伟大飞跃，在这个历史进程中，凝练生成的社会主义核心价值观，扎根于中国特色社会主义的伟大实践，来自人民群众的生产实践，落实于内化于心、外化于行的教化效果。2018 年宪法修正案将"国家倡导社会主义核心价值观"写入宪法。这是中国特色社会主义的初心使命与人民情怀。

2. 社会主义核心价值观的文化土壤

本部分主要从中华优秀传统文化、革命文化和先进文化的角度阐明社会主义核心价值观自信的文化底蕴。

（1）社会主义核心价值观的传统文化底蕴

中华优秀传统文化中的仁爱、民本、天人合一、天下大同等是中华儿女共同的精神血脉，也是社会主义核心价值观的历史渊源。例如，孟子云：“父子有亲，君臣有义，夫妇有别，长幼有叙，朋友有信。”墨子曰：“天下之人皆相爱，强不执弱，众不劫寡，富不侮贫，贵不敖贱，诈不欺愚。”孔子言：“人而无信，不知其可也。”

（2）社会主义核心价值观的革命文化底蕴

中国共产党成立一百多年来，无数革命先烈为中华民族独立、中国人民解放而抛头颅、洒热血，凝练生成以“坚持真理、坚守理想，践行初心、担当使命，不怕牺牲、英勇斗争，对党忠诚、不负人民”的伟大建党精神为源头的中国共产党精神谱系。

（3）社会主义核心价值观的先进文化底蕴

新时代的抗疫精神、脱贫攻坚精神是社会主义核心价值观的时代表达，讲好中国故事，传播中国好声音，树立可信可爱可敬的国家形象，运用好精神文化产品，是传播社会主义核心价值观的最佳载体，例如《我和我的家乡》中叙述的扶贫故事、《夺冠》中呈现的女排精神、《中国机长》中刻画的爱岗敬业的英雄机长等。

3. 社会主义核心价值观的实践基础

本部分主要从新时代中国特色社会主义道路自信、制度自信、理论自信、文化自信的角度分析社会主义核心价值观自信的现实基础。

（1）社会主义核心价值观自信来自对中国特色社会主义道路的坚定信仰

社会主义核心价值观为中国特色社会主义道路提供价值指引，引领中华民族和中国人民在中国特色社会主义道路上实现了从站起来、富起来到强起来的伟大飞跃。中国特色社会主义道路为社会主义核心价值观夯实基础，实现共产主义与人的自由全面发展。社会主义核心价值观充分回答了为何拒绝“封闭僵化的老路”和“改旗易帜的新路”的重要问题。

（2）社会主义核心价值观自信来自中国特色社会主义制度的实践经验

社会主义核心价值观根植于中国特色社会主义的伟大实践，是指引中国特色社会主义制度建设、推动国家治理体系和治理能力现代化的价值标准。社会主义核心价值观绝非凭空产生，而是在革命、建设、改革的伟大实践中凝练生成的价值准则。社会主义核心价值观是回应中国特色社会主义制度优越性的最佳答案。

（3）社会主义核心价值观自信来自中国特色社会主义理论的与时俱进

社会主义核心价值观并不是宣传口号，它有着与时俱进、革故鼎新的理论品格，是马克思主义中国化在价值观问题上形成的理论成果。社会主义核心价值观有效回击了历史虚无主义价值观念的荒谬之处。

（4）社会主义核心价值观自信来自中国特色社会主义文化的开放包容

中国特色社会主义文化滋养着社会主义核心价值观，中华优秀传统文化是中华民族与中国人民的根与魂，是华夏子女流淌的精神血脉。社会主义核心价值观是中华文化屹立于世界东方的精神密码。

4. 社会主义核心价值观的道义力量

【议题情境】展示图片“驰名‘双标’”的材料。

【议学活动】撕下西方“普世价值”的虚伪外衣。

【设计意图】认清西方“普世价值”的实质。长期以来，一些西方国家为了自己的政治经济利益和霸权野心，四处兜售“普世价值”，推行“和平演变”。在所谓的“普世价值”影响下，一些国家被折腾得不成样子，有的四分五裂，有的战火纷飞，有的混乱不堪。

【教学引导】第一，“普世价值”在理论上的虚伪性。西方国家所谓的“普世价值”特指资本主义价值观。第二，“普世价值”在实践上的虚伪性。一些国家长期存在种族歧视、劳资对立、金钱政治、贫穷分化等问题。中国特色社会主义的成功证明了社会主义核心价值观的正确性、可信性，习近平总书记强调，每个国家的政治制度都是独特的，都是由这个国家的人民决定的，都是在这个国家历史传承、文化传统、经济社会发展的基础上长期发展、渐进改进、内生性演化的成果。

5. 总结深化

最后课堂小结要回应总议题：社会主义核心价值观自信来自何处？

重点在于，从社会主义核心价值观的先进性、人民性和真实性分析，社会主义核心价值观是凝聚人心、汇聚民力的强大力量，自信来自理论渊源、文化底蕴和实践基础。

七、课外活动

【活动主题】扣好人生第一粒扣子。

【活动内容】校园微调查，社会主义核心价值观随手拍。

八、教学反思

本讲立足于世界百年未有之大变局与中华民族伟大复兴战略全局的宏观视角，把握社会主义核心价值观自信与中国特色社会主义道路自信、制度自信、理论自信、文化自信的内在契合，从道义、文化与情怀的视角解读社会主义核心价值观的理论渊源、文化底蕴与现实基础，从而阐明社会主义核心价值观自信的骨气与底气。本讲注重师生互动，教学相长，但由于学生较多，无法一对一进行交流，难以给学生充分发表观点的机会。

主题十一

尊重生命价值　成就出彩人生

第一部分 小学“道德与法治”

三年级上册第三单元《安全护我成长》

第七课《生命最宝贵》

第二课时《爱护身体 珍惜生命》

□ 济南市历下区教育教学研究中心 李玉华

一、课标要求

《义务教育道德与法治课程标准》（2022 年版）第三部分“课程目标”中核心素养之“健全人格”第二学段要求“初步认识和体验人的生命是可贵的，珍惜生命”。

二、教材分析

《爱护身体 珍惜生命》是《道德与法治》（部编版）三年级上册第三单元第七课《生命最宝贵》第二课时的内容。本课教材主要有四部分内容：“莫莫玩火”典型案例、“怎样爱护身体和生命”小组讨论、设想身体受伤后的困难、失去孩子的母亲写的信。内容层层递进，由案例分析入手，引导学生思考可以通过哪些行为爱护自己的身体和生命，想象身体受伤后面临的诸多困难，遭遇伤害甚至失去生命给家人带来的巨大创伤。通过一系列的体验活动激发学生认识到生命来之不易，生命只有一次，因此我们更应该爱护身体，珍惜生命。

三、学情分析

三年级的小学生正处在从小学低年级向高年级的过渡期，活泼好动，精力充沛，对外界事物充满好奇，但生活经验不足，辨别是非的能力有限，社会交往经验少。同时三年级的孩子个性差异大，情绪不稳定，自控力不强，缺乏自我保护的意识和能力，因此比较容易“闯祸”，甚至伤害身体，危及生命。学校普遍重视安全教育，但往往局限在消防演练、模拟逃生、预防溺水等具体的操作层面，并没有把安全教育上升到生命教育的高度；社会生活中，基于传统认识，人们通常会对儿童回避死亡的话题，儿童对生命、死亡等所知甚少。基于此，引导学生从生命来之不易、生命不可重来的角度来讨论安全的话题，引导学生爱护身体、珍惜生命。

四、教学目标

1. 认识到生命的诞生来之不易，生命是非常宝贵的；要爱惜自己的身体，提高安全意识。

2. 知道怎样做才是爱护身体、珍惜生命的行为。

3. 了解身体受伤后要面临的不便与困难，以及给家人带来的巨大伤害，意识到生命不可重来，学会珍惜生命，爱护身体。

五、教学重点难点

1. 教学重点：知道怎样做才是爱惜身体、珍惜生命的行为。

2. 教学难点：懂得生命不可重来，学会爱护身体、珍惜生命。

六、教学方法

教学方法有体验探究法、交流讨论法、案例分析法、问卷调查法、情景模拟法等。

七、教学过程

环节一 回顾学习，在真实的体验感悟中引入新课

1. 热身活动：请你跟我一起做

请同学们跟老师一起活动一下既健康又灵活的小身体。

【交流讨论】我们的小身体是怎么来的？

2. 回顾前课学习，再次体会宝贵的生命来之不易

（1）“感悟成长”体验活动。

课前体验活动任务单

你是否知道妈妈孕育孩子的过程中经历过哪些困难，付出过哪些辛苦？快来参加体验吧！

1. 将装满书本文具的书包反背在身前；

2. 弯腰捡东西，穿鞋、系鞋带，再趴在桌子上休息一会儿，时间为5 分钟；

3. 最后试着帮助父母完成一项家务。

（注意：全程反背书包，将其视为需要保护的小宝宝）

【交流汇报】通过这次体验活动，你有什么感受？

（2）倾听父母的心声，感知父母对子女的关怀。

【多媒体展示】播放课前采访的家长视频、音频资料。

【思考】对于孩子，父母最担心的是什么？最希望的又是什么？孩子怎样做才能让父母安心？

3. 揭示课题：爱惜身体 珍惜生命

【设计意图】注重与前面学习的衔接，通过课前体验活动体会母亲孕育生命的辛苦，加深对生命来之不易的认识；观看采访视频，感知父母对子女的殷殷之情，知道好好爱护自己、保护自己的重要性，自然地揭示课题。

环节二 立足实际，探讨怎样爱护自己的身体和生命

1. 问卷调查，在分析解决学生实际问题的过程中学习健康安全知识

（1）现场作答，统计数据

教师依次展示问卷题目，学生逐一作出选择，并进行数据统计。

调查问卷

请每一位参加调查的同学根据自己的实际情况诚实作答：

1. 上学路上，过马路时遇上红灯，正好路上没有车，上学又快迟到了，你会怎么办？

A. 等绿灯亮了再过马路。

B. 快速通过路口。

C. 跟着别人走过去也很安全。

2. 炎热的夏天，满头大汗的你，一进家门最想做的是……

A. 马上喝一瓶冰镇饮料，真爽。

B. 喝杯温水或淡盐水。

C. 打开空调或风扇直吹最降温。

3. 你每天能主动参加运动吗？

A. 没有时间运动。

B. 偶尔运动。

C. 每天坚持跑步、跳绳等运动。

4. 一日三餐，你都是怎么吃的？

A. 不喜欢吃的东西坚决不吃。

B. 合理搭配，讲究营养。

C. 喜欢吃的多吃，不喜欢的少吃点。

（2）分析数据，发现并解决问题

【问题思考】观察每一题的统计结果柱形图。你发现了什么？

【讨论】我们应该怎样做？为什么？

【设计意图】调查问卷涵盖交通、饮食、运动等学生容易出现问题的各个

方面，通过现场调查、数据统计、结果分析，引导学生关注自身存在的实际问题，明确哪些行为对我们的身体是有益的、哪些行为对我们身体是有害的，指导学生在日常生活中养成良好的生活习惯。

2. 典型案例分析，提高安全意识

（1）讲述课本故事《莫莫玩火》，分析安全意识淡薄的危害。

【重点讨论】莫莫玩火造成了什么样的后果？

【展示图片】展示大面积烧伤的图片。让学生思考："终身残障"对莫莫来说意味着什么？然后补充火灾事故造成严重后果的示例图片，告诫孩子们："千万不能玩火。"

（2）展示意外事故调查数据，明确提高安全意识的必要性。

【提问】你知道我国每年因意外伤害而死亡的儿童有多少吗？平均每天有多少儿童意外死亡？看看专家是怎样说的。

【设计意图】以莫莫玩火造成火灾的故事为切入点，以真实的数据震撼学生心灵，让学生深刻认识到安全意识淡薄的危害，进而明白：只有切实提高安全意识，才能更好地爱护我们的身体和生命。

环节三 模拟体验，感受拥有健康身体和美好生命的重要性

1. 课堂体验活动，体会残疾人的不易

（1）活动一：用左手写名字。

【活动要求】左手拿出白纸，右手背身后，左手拿笔写名字。全程不要使用右手。

（2）活动二：戴眼罩找座位。

【活动要求】请两名学生到教室前面，戴上眼罩后回到自己座位上。

【静心思考】刚刚体验的是什么？联想到哪些人？

【交流讨论】失去部分身体功能的残疾人会遇到哪些困难？拥有健康与完整的身体重要吗？

2. 再现真实事例，直观感受直击心灵

（1）播放失去孩子痛不欲生的父母的视频。

【视频讲解】视频再现了交通事故、溺水、火灾、疾病等无形的杀手夺走了一个个原本鲜活的生命。

【想一想】如果孩子失去生命，父母会怎么样呢？

（2）教师诵读一位妈妈的信：《写给去了天堂的孩子》。

【交流讨论】你听到了什么？你感受到了什么？

【展示】孝经有云："身体发肤，受之父母，不敢毁伤，孝之始也。"

【交流讨论】你是怎样理解的？

【小结】我们的身体不仅仅属于我们自己。孩子的身体甚至生命出现问题，对父母来说是致命的打击。同学们要知道保护身体也是孝敬父母的表现。

【设计意图】通过课堂体验活动，让学生体会残疾人生活的困难，进而意识到拥有健康完整身体的重要性；再现真实事例，触动学生心灵，让学生知道孩子的生命在父母心中的重要性，将自己与父母紧紧联系起来，懂得保护身体，孝敬父母。

环节四 总结延伸，升华情感落实行动

1. 齐诵课本诗歌，在感情升华中总结全课

【总结语】壁虎会长出新尾巴，砍断的树枝能萌发新芽，可是我们的身体，不可再生！我们的生命，不可重来！请每一位同学学会保护自己，好好珍爱自己的生命。只有好好活着，才有机会焕发更夺目的光华！

2. 教师亲手制作的小书签赠送给学生

珍爱生命小儿歌

孩儿身，父母生，历尽艰辛方长成；
好儿郎，要牢记，生命宝贵最不易。
不玩火，防溺水，危险事情不能做；
不挑食，多运动，良好习惯要养成。
守规矩，莫侥幸，安全意识不忘记；
明是非，辨真理，珍爱生命我能行！

将书签上的《珍爱生命小儿歌》送给学生，指导学生生活，希望每一位

学生都珍惜生命，健康成长！

八、板书设计

爱护身体　珍惜生命
- 懂得生命来之不易
- 学习健康安全常识
- 提高生命安全意识

九、教学反思

“爱护身体　珍惜生命”对小学生而言是个沉重的话题，又是一个不得不讲的课题，教学设计时着重从以下几方面进行了思考和尝试。

1. 紧紧围绕教学目标，注重教学内容的前后衔接一致。作为《安全护我成长》这一单元的起始课内容，本节课的教学重点依然是紧紧围绕“生命最宝贵”这一核心观点而展开。本节课教学目标的达成，既能为后面的教学做好铺垫，也是达成单元目标的基础。因此，教学设计首先考虑的是本单元目标与本节课教学目标的关系，力求与单元整体目标贯通一致，以目标引领学生的学习。本课的课前体验活动也是前一课时的课后体验活动，无缝衔接，深化前面所学所议，自然引入接下来的学习，更好地落实“生命最宝贵”的教育。

2. 密切联系学生生活，激发真情实感。本节课的教学设计从生活入手，注重唤醒学生已有的生活经验，设计了生活化的体验感悟及家长采访活动、生活化的问卷调查活动，以学生现实生活中的需要和问题为出发点，“为什么说生命是宝贵的”“该怎样爱护自己的身体和生命”，以联系学生生活的活动为载体，有效地激发学生的真情实感，并帮助学生运用学习成果解决生活中的实际问题，以正确的价值观指导学生生活，从而促进学生在已有学习经验基础上的提升。

3. 积极创设情境，增强学生的体验。努力创设具有一定情绪色彩、与教学内容相关的生动具体的场景，如“体验孕妈妈”“模拟残疾人”“听爸爸妈妈的心声”等活动的设计，通过故事带入、场景模拟、游戏体验等形式，使抽象的概念具体化，使传授的方式趣味化，引导学生进行价值探究，有效促进学生的情感体验，调动学生学习的积极性、自主性和创造性，帮助学生更好地理解教学内容，使得学生在心理、情感、知识等方面受到教育和发展。

4. 深入分析教材，合理组织教学内容。本课教学设计力求超越单一书本知识的传递和接受，合理组织教学内容，串联学生的生活，立足教材、细化教材，源于生活又高于生活。捕捉学生身边的生活素材，并对其进行适当教育加工变成教学内容，如在《莫莫玩火》典型事例分析后，补充了火灾及意外事故的数据资料；将教材中阅读角中的诗歌《吾儿臭臭》更换为更容易引起学生共鸣的一封信《写给去了天堂孩子》等，力求教学的组织更符合学生的生活经验，更有效地提高学生的认识，促进学生的发展。

教师授课时，要密切关注学生的情绪状态，及时调控课堂节奏，引导学生在感悟生命宝贵的基础上，培养其积极向上的生活态度。

第二部分 初中“道德与法治”

七年级上册第四单元《生命的思考》

第九课《珍视生命》

第一框《守护生命》

□山东省济南砚泉学校 李元清

一、课标要求

《义务教育道德与法治课程标准》（2022年版）第三部分“课程目标”中核心素养之“健全人格”第四学段要求“懂得生命的意义和价值，热爱生活，确立正确的人生观”；“道德修养”第四学段要求“形成健康、文明的生活方式，懂得生命的意义，热爱生活”。

二、教材分析

《守护生命》是《道德与法治》（部编版）七年级上册第四单元第九课第一框的内容。教材以“四位同学的场景对话”导入，对话内容涉及物质和精神两个方面，启发学生结合自己的经历谈谈守护生命需要注意哪些方面，引导学生认识到，守护生命既要爱护身体，又要养护精神，引出本框内容。

第一目《爱护身体》主要包括三个方面的内容：一是养成健康的生活方式；二是珍视自己的肉体生命；三是增强安全意识、自我保护意识，提高安全防范的能力，掌握一些基本的自救自护方法。本目通过讨论、反思、探究、分享等活动，引导学生认识到：守护生命首先要关注自己的身体健康，进而懂得怎样爱护。

第二目《养护精神》主要阐述两个方面的内容：一是养护精神不完全受物质生活条件和外部环境的制约；二是养护精神离不开优秀传统文化的滋养。

三、学情分析

意外伤害是儿童健康和安全成长的重要威胁，据北京青少年法律援助与研究中心、北京市丰台区小松培训学校联合出品的《儿童意外伤害报告》统计：水的伤害、道路交通伤害、危险行为伤害是造成儿童死亡人数最多的三类伤害，而这些伤害原本是可以预防的。当前，家庭、学校等对孩子的生命教育重视程度不够，未成年人缺乏必要的生命安全意识和自我保护意识。对初中学生来说，一方面，他们正处于青春发育关键期，情绪变化不定，有时倾向于用比较极端的方式来释放压力，有时甚至用伤害生命的方式来应对，意志薄弱，承受挫折的能力不强。近年来，未成年人因经受不住一时的挫折而做出过激行为的有增多趋势。另一方面，随着社会的进步和生活水平的提高，人们对物质的追求和享受多了，而对精神的追求少了，不少青少年精神空虚，甚至萎靡不振，不知道如何养护精神、追求精神世界的充盈。因此，本课旨在教育学生学会珍爱生命，对生命负责，既要爱护身体，又要养护精神。

四、教学目标

1. 通过对学生生活方式的调查，让学生懂得珍视生命，对自己的生命负责，养成健康的生活方式。

2. 通过自救自护训练营的活动，让学生学会爱护身体，增强安全意识、自我保护意识；提高安全防范能力，能够进行基本的自救自护；知道怎样爱护身体，掌握一些基本的自救自护方法。

3. 通过感受生命的色彩活动，让学生学会面对复杂的社会生活，以真善美为标准作出正确的道德判断和选择。

4. 通过走进中华传统文化活动，认同中华文化，弘扬民族精神，自觉守护精神家园。

五、教学重点难点

1. 教学重点：爱护身体。
2. 教学难点：养护精神。

六、教学方法

教学方法有情景体验法、对话教学法、探究式教学法、小组活动体验法。

七、教学过程

【导入新课】生活方式小调查。

【教师引导】课前，老师在咱们班做了一项“生活方式小调查”，请同学们看调查结果。通过这个调查结果，你能得出什么结论？

【学生交流】有三分之一的同学有着健康的生活方式，有大约四分之一同学的生活方式是严重不健康的。

【教师过渡】那么，什么是健康的生活方式，如何守护生命才是对自己的生命负责呢？今天，我们一起搭上《守护生命》的列车，从爱护身体和养护精神两个方面来守护生命。

【设计意图】从生活调查数据入手，培养学生读取数据和分析数据的能力，并且能在对数据的分析中初步感知什么是健康的生活方式。来源于学生的调查，符合“三贴近”原则，既激发了学生的学习兴趣，又充分调动了学习的积极性和主动性。

环节一 爱护身体

第一站：向不健康生活说“不”

【教师引导】在之前的调查中，我们发现排名前四位的不健康的生活方式是：熬夜、不吃早饭、不爱运动、挑食。请同学们思考：这些不健康的生活方式对我们有哪些影响？

【学生活动】小组合作讨论。

【教师引导】同学们的分析很全面，不健康的生活方式会影响我们的身心健康，还会影响我们的学习、生活。请看一项世界卫生组织的数据统计，生活方式对人的健康与寿命的影响占60%。由此看出，选择健康的生活方式对每一个人都是非常重要的。请同学们结合自己的生活经验给这些生活方式不健康的同学提一些建议吧！

【学生活动】小组交流展示。

【教师总结】同学们提出的建议都很实用，比如要按时作息、早睡早起，合理膳食，多做运动。守护生命首先要关注自己的身体。要关心身体的状况，形成健康的生活态度，这是对生命负责的态度。

当某些内心需要，如爱、被承认、被接纳等得不到满足时，有的人经不起一时的挫折，容易做出过激行为，甚至伤害自己的身体。“身体发肤，受之父母。不敢毁伤，孝之始也。”成长的道路不会一帆风顺，难免会有挫折，成长中的我们，应该爱惜自己的身体，珍视自己的肉体生命，任何时候都不要做出过激的行为。

【设计意图】深入分析调查数据，引导学生从数据分析中了解不良生活习惯的危害，进而意识到养成健康生活习惯的重要性，并且通过小组合作交流分享互相提建议、想对策，让智慧在交流中碰撞出火花，从而引导学生学会爱惜身体，对待挫折，坚强地活下去，树立对生命负责任的态度。

第二站：自救自护训练营

【教师引导】在生活中，我们会面对一些客观存在的、非人力可抗拒的自然灾害，或一些人为灾难。下面我们请三组同学分别来模拟发生火灾、地震和交通事故时我们应该怎么办？

活动准备：教师课前按小组给学生分配任务，进行三个不同主题的探究。课上请学生代表上台展示探究成果。

【学生活动】分组探究的小组派代表上台展示。

【教师提问】发生意外伤害时应该怎样求救和自救呢？说说以下三种情况发生时该怎么办？

1. 发生火灾时，应该……

2. 发生交通事故时，应该……

3. 发生地震时，应该……

【教师总结】我们要增强自我保护意识，提高自我保护能力，掌握一定的自我保护方法。

【多媒体展示】学生讨论。

【教师过渡】刚才有四位同学进行了讨论。第一位说要根据季节变化来调整生活起居，第二位说要注意安全，但是还有两位同学说，生命这么重要，可是为什么古代有“不吃嗟来之食”的故事，有舍生取义的英雄故事，他们不爱惜自己的生命吗？守护生命除了要爱护身体，还要爱护什么？

【设计意图】通过模拟演练灾难发生时的场景，使得学生在合作交流中掌握火灾中的自救自护方法，并通过小组代表和观众的点评，进一步归纳提升；同时启发学生课下制作自救自护手册，引导学生增强安全和自护意识，提高自救自护能力。

环节二 养护精神

第三站：感受生命的色彩

【学生活动】欣赏一组画作《窗台上的花》《帆船》《夜空》，并且评价一下。

【多媒体展示】《集中营遗存的儿童画作》。

【教师引导】同学们，这些画作美不美？你知道这些画的作者有什么特殊之处吗？

大家也许难以想象，这些画作出自纳粹集中营中一些被关押的孩子之手。

阅读《集中营遗存的儿童画作》的故事，然后思考。

【教师提问】在集中营里，女画家为什么教孩子们画花卉、人物和窗外的风景？

人们为什么将这些儿童的绘画作品称为“人类文化皇冠上的钻石”？

【教师引导】是的，集中营的画家费利德老师是想让孩子们知道，即使是在物质贫乏、外部环境异常艰难的情况下，也要守住自己的心灵，看到真善美。也正因为如此，这些遗存的儿童画作被称为“人类文化皇冠上的钻石”。

看来养护精神并不完全受制于外部环境和物质条件。只要守住自己的心灵，仍然可以看到真善美。守护生命，我们不仅要关注生理需要和身体健康，还要丰富精神生活，满足精神需求。下面我们观看几幅图片，看看他们的精神富足吗？

【教师引导】展示“压岁妹妹”、贪官、黑心商家的图片。

大家说得很对，对物质的过分贪婪，恰恰是精神世界空虚、匮乏的表现。可见，我们的精神发育需要物质的支持，但不完全受物质生活条件和外部环境的制约。像“压岁妹妹”、贪官、黑心商家，过度的物质追求、物质攀比容易使人们丧失对真善美的体验，丢失精神世界的财富。

【教师总结】我们的精神培育并不完全受物质生活条件和外部环境的制约，守住心灵，仍然可以看到真善美。

【设计意图】通过一组对比强烈的画面和背景故事，引导学生深入思考精神生命和环境、物质的关系，体会保持一种健康阳光心态、积极向上精神的重要性；再通过一组图片的正反对比，激发学生的情感共鸣，使学生充分认识到我们的精神培育并不完全受物质生活条件和外部环境的制约。

第四站：走进中华传统文化

【学生活动】学生从中国经典的诗歌、文学、历史人物、民族乐器、饮食五个方面分组探究中国传统的经典文化。每个小组的代表从三个方面，即经典文化的地位、现场展示一段具体内容、参与本次探究活动的感受体会来介绍本组的探究结果，并向全班展示。

【教师总结】作为中国人，我们每个人的精神生命都流淌着民族文化的血脉，离不开优秀传统文化的滋养。守护精神家园，我们不能丢失优秀的传统民族文化，需要在个人精神世界的充盈中发扬民族精神。

【设计意图】通过学生的小组展示，既增强了学生的文化自信，让他们感受到优秀传统文化的滋养，又给了学生一个展示自我、张扬个性的舞台，让学生的青春在道德与法治的课堂上飞扬起来。

【教师结束语】汪国真在《热爱生命》这首诗中写道："不管未来是平坦还是泥泞，只要热爱生命，一切，都在意料之中。"希望通过今天的学习，我们可以通过爱护身体延长生命的长度，通过守护精神提升我们生命的高度，让我们的生命之树常青。

八、课外活动

【编制安全常识手册】请同学们根据中学生自救自护的安全常识，设计编写一本《中学生安全常识手册》，向同学们介绍各种爱护身体、守护生命的安全常识和具体方法。一起为我们的生命加一把安全锁吧！

九、教学反思

本课的教学内容让学生深刻地理解守护生命对我们的意义，进而延伸至要守护精神家园，发扬民族精神，热爱生命、提升生命质量，这就要求教师一定充分了解学生的学情，从学生的实际生活出发，为教学准备源源不断的"活水"。

本节课有三个亮点。

1. 尊重学生的生活实际。设计了不良生活习惯小调查，从学生已有的生活经历和知识经验入手，引导学生爱护身体，养成健康的生活方式。来自该班学生的小调查更具说服力，引导学生关注健康的生活方式，总结生活常识，使学生进一步认识到健康的生活要从小事开始。

2. 综合实践活动进课堂。组织自救自护训练营、走进传统文化等活动，真正让学生参与到课堂中。突出了尊重学生、关注学生，体现了养根育德的教育理念，从而顺利实现教学目标，达到事半功倍的效果。

3. 采用对话式教学，努力营造民主和谐的氛围，让学生有话可说、有话敢说，活跃课堂气氛。既要关注师生对话，也要引导学生与学生对话、学生与教材对话、学生内心自我对话，真正实现知识传授、能力提升和价值引领的高度统一。

鲁迅先生说，无穷的远方、无尽的人们都和我有关。道德与法治课程的特殊性决定了“道法”人要以立德树人为己责，以民族荣辱为己任，要有为学生终身发展、终生幸福奠基的责任和担当。一节课的时间是有限的，要让学生真正自觉地从感情上关注我国的传统文化，从内心深处热爱生命、守护生命，这需要教师的不懈努力。

第三部分 普通高中“思想政治”

必修4《哲学与文化》

第六课《实现人生的价值》

第三框《价值的创造和实现》

□ 济南市历城第一中学 顾业

一、课标要求

《普通高中思想政治课程标准》（2017 年版，2020 年修订）第四部分“课程内容”必修课程“模块 4：哲学与文化”内容要求“2. 2 理解价值观对人们行为的导向作用，探寻实现人生价值的条件和途径，践行社会主义核心价值观”。

二、教材分析

本框题包括三目。第一目《弘扬劳动精神 实现人生价值》，阐述劳动是人的存在方式，劳动、奉献的人是幸福的；第二目《在个人与社会的统一中创造和实现价值》，阐述了实现人生价值的客观条件以及如何正确处理个人与社会的关系；第三目《在砥砺自我中创造和实现价值》，阐明了创造和实现价值，要充分发挥主观能动性，全面提高个人素质，坚定理想信念，发挥正确价值观的指引作用，锤炼品德修为，不断打牢道德根基。

这三目的逻辑关系是：劳动是创造和实现价值的根本途径，个人与社会的统一是创造和实现人生价值的客观条件，砥砺自我是创造和实现价值的主观条件。

三、学情分析

从认知结构来看，学生能够说出“价值观”这个词语，但不了解其深刻内涵，不能深入理解如何创造和实现人生价值；同时学生受外界因素的影响，存在一定自由散漫、个人主义的思想，对于正确的人生价值观有待深入思考。

从学生的思维特点来看，学生思考问题的能力有所提高，会主动关注国家大事、社会问题，也很乐意探讨这些问题，但由于心智还不够成熟，对一些价值观的判断会出现片面化，需要教师正面引导如何正确实现和创造人生价值。

四、教学目标

1. 通过深入学习袁隆平的成功事迹，使学生认识到劳动和奉献不仅是人的存在方式，也是人的本质和价值的实现方式；让学生理解社会提供的客观条件是人们创造和实现人生价值的前提，懂得在与社会的统一中实现人生价值；明确实现人生价值需要充分发挥主观能动性。

2. 通过实地采访先进成功者的事迹，引导学生向榜样学习，树立正确的人生价值观，以实际行动创造和实现人生价值，奉献祖国和社会，培养责任意识。

五、教学重点难点

1. 教学重点：如何实现人生价值。

2. 教学难点：如何在砥砺自我中走向成功。

六、教学方法

教学方法有议题式教学法、辨析式教学法、探究式教学法、讲授法等。

七、教学过程

环节一 创境激趣：小种子大价值

同学们看到大米首先想到的是谁？好多同学都说是袁隆平爷爷。2021 年 5

月22日，袁隆平因多器官功能衰竭于湖南长沙逝世，享年91岁。无数长沙市民自发夹道送别袁隆平院士，一时举国哀恸。袁隆平的贡献是为全人类作出的贡献，是世界性的贡献。他的去世是全世界的一大损失。下面就让我们走进袁隆平的一生，探寻人生价值的创造与实现。

【总议题】如何创造和实现人生价值？

环节二 引思明理：探寻价值所在

分议题1：如何弘扬劳动精神，实现人生价值？

【议题情境】（多媒体展示）85岁的袁隆平还奋战在科研第一线，忙碌在田间地头。他说："我的工作就是生活的一部分。从播种到收获，我只要有时间，都要到试验田里去看一看。它长得好不好，要不要肥料，要不要水，有什么虫，有什么病。每天看着它成长，心中无比欣喜。"

【议学活动】（1）结合袁隆平的事迹思考：袁隆平的人生价值是怎样创造出来的？

（2）围绕"劳动和奉献着的人是幸福的"，请同学们上台分享自己的亲身体会。

【设计意图】青少年学生缺少劳动经历，对于"弘扬劳动精神，实现人生价值"没有切身感受，此环节通过袁隆平奋战在科研第一线，忙碌在田间地头，彰显他的智力、体力、意志、情感。袁隆平研究杂交水稻，解决他人和社会的饥饿问题，他被人称为"当代神农氏""杂交水稻之父"，先后受到国家几代领导人接见，他创造和实现了自己的价值。引导学生明确劳动创造价值，从而进一步使学生明白积极投身于为人民服务的实践，是实现人生价值的必由之路，也是拥有幸福人生的根本途径。

【议学提示】第一个议学活动要求学生认真阅读学习袁隆平的事迹材料，从中找到劳动和人生价值实现的关系，使学生认识到弘扬劳动精神能够实现人生价值。第二个议学活动需要学生结合自身的生活实践，具有一定的难度，需要学生具备从实践中提取理论的能力。该活动旨在通过学生的亲身经历去印证劳动实现人生价值。

分议题2：如何在个人与社会的统一中创造和实现价值？

【议题情境】袁隆平获得荣誉无数，有国家最高科学技术奖、法国最高农业成就勋章、影响世界华人终身成就大奖、以色列“沃尔夫”农业奖、世界粮食奖、泰国农业金镰刀奖等，多次受到党和国家领导人的接见。在袁隆平成功的背后，有同是农校毕业的妻子对他的帮助。在田间，妻子与他一起寻找秧苗材料；在生活中，妻子孝敬老人、抚养孩子，袁隆平几乎没有时间照顾家人。袁隆平用获得的奖金设立了袁隆平农业科技奖励基金会。他说，没有祖国和人民，没有领导和同事，就没有自己的事业。

【议学活动】（1）根据以上情境分析，思考袁隆平能否仅靠他个人的奋斗取得成功？为什么？

（2）有人认为：当代是弘扬个性的时代，“强调个人和社会的统一会抹杀人的个性发展”。你怎么看待这个问题？

【设计意图】材料中袁隆平事业的成功，有家人的支持，有同事的帮助，有国家提供的物质条件，进而引导学生认识到：人的价值只能在社会中才能实现。从而得出结论：人生价值的实现需要具备一定的客观条件，要在个人与社会的统一中实现价值。同时辨析题的设计是为了提高学生的辩证思维能力，认识到个人价值与个性发展的关系。

【议学提示】第一个议学活动要求学生认真分析袁隆平的成功经历，从中找到其成功的客观条件，人在实践活动中实现自己价值的时候，必须利用社会和他人提供的各种物质条件和知识成果，完全脱离社会的“个人奋斗”和“自我实现”，实际上是不可能的。第二个议学活动引导学生用辩证的思维认识问题。在与社会的统一中实现个人的价值，并不否认追求人的个性发展。我们强调在与社会的统一中实现个人价值，并不是否认追求个性，但是人的个性不应表现为人的怪异和陋习，而应表现为对他人、对社会的独特的贡献方式。

分议题3：如何在砥砺自我中创造和实现价值？

【议题情境】对很多从事农业科技的研究人员来说，袁隆平是一个传奇。一个20世纪50年代初的大学毕业生，天天泡在田间地头，孜孜不倦地研究他的杂交水稻。但谁能体会袁隆平所付出的艰辛呢？请看材料：

袁隆平20世纪60年代开始研究杂交水稻，50年孜孜不倦，不屈不挠，不怕失败。最后，他战胜了饥饿的威胁。

袁隆平是杰出的无党派人士，始终坚持中国共产党的领导。他说，不爱自己的祖国和人民，就丧失了做人的原则；他深感以前学得不深，就边教边学，对植物的生物学特性及其遗传特性等进行系统的研究；上千次的刻苦磨炼，使他掌握了徒手切片技术。袁隆平说："我有信心活到100岁，身体是革命的本钱，所以我长期坚持下田。"

袁隆平说："我有点雄心壮志，要改造，看到农民这么苦，我们学农应该有这个义务，有这个任务要帮助发展农业，帮助农民如何提高产量，改善他们的生活。"

【议学活动】根据以上材料，探究袁隆平的成功主观上具备了哪些条件？

【设计意图】实现人生价值，需要具备一定的主观条件。该议题通过袁隆平自己所付出的努力，引导学生树立正确的价值观，为实现自己的人生价值，坚定理想信念，在砥砺自我中走向成功。

【议学提示】人生价值的实现必须具备一定的主观条件。人生价值实现的主观条件：在砥砺自我中走向成功，创造和实现人生价值，需要充分发挥主观能动性，需要顽强拼搏、自强不息的精神；创造和实现人生价值，需要努力增长自己的才干，全面提高个人素质；创造和实现人生价值，需要有坚定的理想信念，需要正确价值观的指引；创造和实现人生价值，需要锤炼品德修为，不断打牢道德根基。

环节三 体验导行：坚定理想信念

【议学活动】收集一位你敬佩的成功者的事迹，分析他（她）取得成功的原因有哪些，并与周围同学相互交流心得。

【设计意图】成功需要榜样的激励，该设计旨在引导青年学生自主搜集榜样的事例，分析其成功的原因，通过实际行动向榜样学习，更好地实现和创造自己的人生价值。

【议学提示】通过袁隆平的事迹和同学们自己搜集的成功者事例，使学生明白人生价值的实现必须通过劳动和奉献，在个人与社会的统一中、在磨砺自我中去实现。我们不一定每个人都可以成为袁隆平这样英雄式的人物，但我们一定可以在投身祖国建设、服务人民的伟大实践中，实现自己的价值，绽放自己生命的花朵。

八、课外活动

采访身边的先进模范人物，撰写调查报告，分析其成功原因。

九、教学反思

1. 把握时代脉搏，使思想政治课永远充满时代气息。本教学设计既能够培养了学生分析、解决实际问题的能力，又能够让学生的心灵得到净化和升华。

2. 运用现代教学技术，激发学习兴趣和提高教学质量。多媒体能把文字、图像、声音、动画和视频信息等众多信息集于一体，能在视觉、听觉上产生一定的刺激，引起学生的注意，激发学生的学习兴趣，使学生产生强烈的学习欲望，从而形成学习动机；能使抽象的概念具体化，静态的知识形象化，无序的内容系统化，使理论观点不再枯燥。

第四部分 大学“马克思主义基本原理”

第一章《世界的物质性及发展规律》

第二节《事物的普遍联系和变化发展》

三、量变质变规律和否定之否定规律

（三）否定之否定规律

□山东师范大学 鲁成波

一、教材分析

本讲的内容是否定之否定规律，主要介绍了事物内部的肯定因素和否定因素的含义及其二者相互作用推动事物发展，辩证否定观的基本内容；事物发展经过三个阶段、两次否定，完成一个周期，一个周期接着一个周期，呈现出波浪式前进或螺旋式上升的总趋势；事物发展是前进性和曲折性的统一，否定之否定规律的意义。教材的文字较少，高度概括化、抽象化，不易理解。

二、学情分析

从认知结构来看，学生知道辩证否定，事物发展的方向是前进的，道路是曲折的，但在中学阶段尚未系统学习“否定之否定规律”这个概念及原理。

从思维特点来看，学生从自然界、社会和自身发展的实际中体悟出否定之否定规律的存在，但对这一规律的内容缺乏系统把握和深刻理解，运用这一规律分析和解决问题的能力尚不足。

从情感特点来看，经过十几年的拼搏终于考上大学，许多学生如释重负，缺乏进一步的人生规划，面对未来在能力上和心态上准备不充分。

三、教学目标

学习和掌握否定之否定规律，着重把握辩证否定观的基本内容，深刻理解事物总是经过曲折的道路由低级向高级发展的规律性及其原因，逐步形成科学的世界观和方法论，不断提升思维能力，激发青春动能，练就过硬本领，投身强国伟业，无论身处顺境还是逆境，始终保持奋勇搏击的前进姿态。

四、教学重点难点

1. 教学重点：辩证否定观的基本内容，事物的发展是前进性和曲折性的统一。

2. 教学难点：事物的发展经过“肯定—否定—否定之否定”，表现为周期性过程，否定之否定规律的客观普遍性。

五、教学方法

教学方法有讲授法、启发式教学法、互动式教学法、讨论式教学法、探究式教学法等。

六、教学过程

【案例导入】从《半月谈》2021 年第 5 期发表的《拿一手“好牌”，却“就地躺平”：走近自我“隐形”的城市蹲族》文章中引出大学生感兴趣的议题：高学历、受过大学教育，明明拿着一手“好牌”、被人寄予厚望的部分年轻人，为何却“放弃”自我、甘当社会“隐形人”，以“现实低欲望、网上多冲浪”的方式闲散度日，选择在家或出租屋里，成为一名城市“蹲族”。

【导入正题】半月谈记者调查发现，原本出现在“北上广深”一线城市的城市“蹲族”，已在二三线城市蔓延开来。“蹲族”有两类：一是毕业后找不到满意出路的“社会小白”；一是难以忍受工作压力、追求自由的“打工人”。因为受挫，心态从“勇往直前”一下子变成“就地躺平”。

“勇往直前”表示一种进取的精神是可取的，但需要指出的是，“勇往”

可以，“直前”却办不到。世界上没有“笔直又笔直”的道路，如果只知“直前”，拒绝拐弯，那非出事不可。这是因为事物的发展过程具有规律性，这个规律性就是：事物总是经过曲折的道路由低级向高级发展的，如果用图形来表示，那就是一个螺旋式的上升或者说是波浪式的前进过程，揭示事物发展是前进性和曲折性统一的规律就是否定之否定规律。

1. 事物发展是前进性和曲折性的统一

【案例分析】冯友兰先生指出：“就中国历史上第一次社会大转变说，从春秋开始的转变，到秦始皇告一段落，到汉武帝才完全固定下来。在这次大转变中，原来的奴隶社会是‘正’，是‘肯定’；秦始皇所建立的秦朝是‘反’，是‘否定’；汉武帝所固定下来的封建制是‘合’，是‘否定之否定’。”（冯友兰：《中国哲学史新编》（中卷），第 12 页，人民出版社 1998 年版）

将冯友兰先生的论述用图式表示出来，并以冯友兰先生在《中国哲学史新编》中的相关论述为依据，分别从地方行政管理制度、中国传统文化的发展以及统治合法性论述三个不同角度，向学生展示中国历史上第一次社会大转变的否定之否定过程：

正——反——合

肯定——否定——否定之否定

奴隶社会（前 770 年）——秦始皇建立的秦朝——汉武帝固定下来的封建制

分封制——郡县制——虚爵制

儒家——法家——春秋公羊学

奉天——承运——奉天承运

通过诠释中国历史上第一次社会大转变的否定之否定过程，理论上合乎逻辑地得出事物发展是前进性和曲折性统一的结论，并具体阐明两点：

第一，事物发展总的方向或趋势是前进的。

在由否定构成的发展链条中，每一次否定都是质变，都是新事物的产生和旧事物的灭亡，都会把事物推到更高的发展阶段。

【小组探究】怎样正确理解党的二十大报告中指出的“实现中华民族伟大复兴进入了不可逆转的历史进程”？

【教师总结】以马克思恩格斯的相关论述为依据说明，事物发展过程中的每一次自我否定，都是事物发展、联系的环节。事物发展自我“扬弃”的内在规律决定了新生事物的不可战胜，决定了事物发展的总趋势必然是前进的、上升的。

第二，事物发展的具体道路是曲折的。

其一，事物发展的回复性（周期性）；其二，事物发展有暂时的停顿甚至倒退（新事物的成长不可能一帆风顺，比如郡县制取代分封制就遇到了非常大的阻力）。

【教师小结】事物发展是前进性和曲折性的统一，事物总是经过曲折的道路由低级向高级发展。引导学生转向下一个问题：事物为什么总是经过曲折的道路由低级向高级发展呢？

2. 事物曲折前进的原因

（1）事物内部的肯定方面和否定方面

马克思认为：“辩证法在对现存事物的肯定的理解中同时包含对现存事物的否定的理解，即对现存事物的必然灭亡的理解；辩证法对每一种既成的形式都是从不断的运动中，因而也是从它的暂时性方面去理解。”

从马克思的这一重要论述切入，以中国历史上第一次社会大转变否定之否定过程的起点奴隶社会为例，分析说明当奴隶社会的肯定方面处在主导地位时，事物就能保持它原有的性质和自身的存在，事物发展处在肯定阶段；一旦奴隶社会的否定方面取得在事物中的支配地位，事物发展推进到否定阶段，旧事物灭亡，新事物产生，我国的奴隶社会就被封建社会所取代，事物实现了对自身的第一次否定。用图式表示如下：

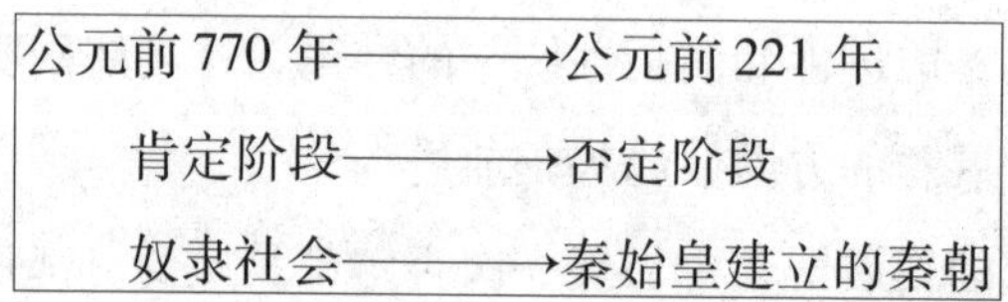

【引导学生转向下一个问题】唯物辩证法是怎样看待新事物对旧事物的否定的呢？

（2）辩证的否定观

第一，否定是事物的自我否定。

【互动环节】我国奴隶社会为什么被否定而转化为封建社会？

【学生总结】一事物之所以被否定而转化为他事物，是事物内部否定方面战胜肯定方面的必然结果。

第二，否定是事物发展的环节。

【互动环节】秦始皇统一六国，封建制最终取代奴隶制，有没有把中国社会推进到更高的发展阶段？

【学生总结】新事物的产生和旧事物的灭亡只有经过否定这个决定性的环节才能得以实现。

第三，否定是新旧事物联系的环节。

【互动环节】我国封建社会对奴隶社会的否定是不是全盘否定？

【学生总结】新事物会保留旧事物中合理的积极的因素，把它改造后吸纳为自己的有机组成部分。

第四，辩证否定的实质是“扬弃”。分析归纳出扬弃即既克服又保留。

【引导学生转向下一个问题】事物发展经过第一次否定后，为什么还要经过再次否定，即否定之否定？

（3）事物的发展经过“肯定—否定—否定之否定”表现为周期性过程

仍然以中国历史上第一次社会大转变的否定之否定过程为例，分析说明：事物的发展不是经过一次否定就完成的，事物的发展是前进性和曲折性的统一，只有经过事物发展的三个阶段、两次否定完成一个周期才能展示出来，一个周期接着一个周期，就使事物的发展呈现出波浪式前进或螺旋式上升的总趋势。

【小组探究】“肯定—否定—否定之否定”周期性发展过程的起点是怎么确定的？

【教师总结】（1）根据逻辑和历史相一致原则确定否定之否定过程的起点和终点。（2）否定之否定规律的基本内容。

【集体讨论】否定之否定规律是否具有客观普遍性？

有人认为，否定之否定规律的客观普遍性有问题，社会发展和思维发展的例子很多，自然界发展的例子不多。恩格斯研究自然科学达 8 年之久，在《反杜林论》中也举过一些自然界的例子证明否定之否定规律，但例证不完全。还有人试图举出几个例子来说明在那里没有“肯定—否定—否定之否定”的过程。

【教师总结】其一，否定之否定规律是对世界总体和一切事物的本质关系所作的高度概括与总结，它绝不是现象的列举。其二，自然界中很多事物发展的周期性很长，如果把事物发展的考察局限在一个较短的阶段内，可能看不到“肯定—否定—否定之否定”的周期性变化。其三，掌握否定之否定规律要掌握它的实质，而不能纠缠于其表面形式。三个阶段不封闭的圆圈，是最完整、最典型的形式，不能把它当作僵死的、现成的公式，去套一切具体事物。其四，否定之否定规律的客观普遍性是由事物内部矛盾的存在和发展的必然性决定的。

【引导过渡】学习否定之否定规律对新时代青年成长成才有什么启示？

3. 在曲折中坚持前进的方向

既然事物发展的方向是前进的，道路是曲折的，那么，在生活、学习和工作中，就应当把握事物发展的总方向、总趋势，坚持前进，尽量少走不必要的弯路；同时又要充分估计到事物发展的曲折性，准备走曲折反复的道路，不因一时的困难和挫折而丧失信心、退缩、就地躺平。要反对直线论和循环论、盲目乐观主义和悲观主义，它们都割裂了前进性和曲折性的关系，具有形而上学的片面性。

【案例展示】电视剧《觉醒年代》以 1915 年到 1921 年中国共产党成立之前的这段历史为叙事空间。在那个国运飘摇、民不聊生的艰难时世，有人迷茫，有人愤怒，有人消沉，但也有人奋起。陈独秀、李大钊、毛泽东、周恩来等先进分子登上历史舞台，在解决一个个具体问题的过程中探索中国道路，用实际行动唤起一个时代的觉醒。他们以青春之我、奋斗之我，书写了无愧于时代、无愧于人民、无愧于历史的华章。这启迪当代青年：在磨难中成长、从磨难中奋起，是青年成长成才、施展抱负的必然途径，也是中国共产党领导中华民族和中国人民不断从胜利走向胜利的客观规律。

【案例引导】引导新时代青年在火热的青春中放飞人生梦想、成就事业华章。

（1）引导新时代青年树立坚定的理想信念。青年的人生目标不尽相同，职业选择也有差异，但只有把自己的小我融入祖国的大我、人民的大我之中，与时代同步伐、与人民共命运，才能更好地实现人生价值、升华人生境界。

（2）引导新时代青年练就过硬本领。如果没有过硬本领，理想就会变成虚无缥缈的空想。因此，新时代青年要脚踏实地，努力学习，练就过硬本领，努力使自己成为中国特色社会主义现代化强国的合格建设者、攻坚克难创新创造的生力军，不负党和人民重托，不负美好青春。

（3）引导新时代青年勇于担当重任。新时代青年要积极投身强国伟业，努力为建设社会主义现代化强国贡献自己的智慧和力量，勇做走在时代前列的奋进者、开拓者、奉献者，毫不畏惧面对一切艰难险阻，在劈波斩浪中开拓前进，在披荆斩棘中开辟天地，在攻坚克难中创造业绩，用青春和汗水创造出让世界刮目相看的新奇迹！

七、课外活动

组织学生到山东小三线纪念馆（莱芜）参观。山东小三线纪念馆展示的是社会主义建设时期小三线建设者听党召唤、不讲条件、不计得失，从大城市到穷山沟建设三线工程的动人事迹。让学生通过参观考察，体验“听党召唤、艰苦创业、团结协作、无私奉献”的三线精神，树立起对党忠诚、不怕牺牲、爱国奉献的高尚情怀。

八、教学反思

本设计从大学生自身成长案例导入，提高了大学生的学习兴趣。教学过程中，对教材内容进行了调整，结构合理，逻辑清晰，衔接自然紧凑，主次分明，重难点把握准确。尤其注重做到了两点：一是以马克思恩格斯经典作家的相关论述为依据，紧跟学术界相关研究的最新成果，具备理论深度和知识广度；二是一个教学案例贯穿整个教学过程，即始终结合我国社会从奴隶制向封建制大转变的历史过程，帮助学生理解掌握否定之否定规律的基本概念、基本原理，提升学生的逻辑思维能力。教学过程以议题为引领，最后回应了议题，很好地激发了学生的青春动能。教材分析和学情分析清楚具体，教学目标明确，教学方法科学、多样、灵活。从具体的教学实践来看，大部分学生的中国古代史知识储备不足，特别是理工科学生，最好让学生提前作准备。

主题十二

勇于担当作为　积极奉献社会

第一部分 小学“道德与法治”

五年级下册第二单元《公共生活靠大家》
第六课《我参与 我奉献》
第四课时《参与公益》

□山东省实验小学 王莹

一、课标要求

《义务教育道德与法治课程标准》（2022 年版）第四部分“课程内容”第三学段学习主题“道德教育”内容要求“了解和感受社会生活，主动参与力所能及的服务性劳动，做一个热爱生活、乐于奉献的人，积极服务社会，增强社会责任感”。

二、教材分析

《参与公益》是《道德与法治》（部编版）五年级下册第二单元第六课《我参与 我奉献》第四课时的教学内容。本课重点引导学生认识公益活动的意义，指导学生开展走进社会的实践活动，参与力所能及的社会公益活动和志愿活动等，感受团队互助的温暖；鼓励学生在实践中做热爱生活、乐于奉献的人，逐步体会公益事业凝聚人心、增强社会责任感的力量，将小善汇聚成大爱。

三、学情分析

五年级学生大多在生活中有了参与社会公益活动的体验，他们愿意帮助他人，但对于公益及公益活动的内容和类型的了解还不是特别清晰。学生们往往会有部分标签意识，认为向灾区捐款捐物、慰问敬老院的老人等比较有声势的活动是公益活动，殊不知只要是服务社会的事情，无论是大事还是小事，都是在做公益。本课学习旨在让学生认识到参与公益活动的意义，激励学生积极参与力所能及的社会公益活动，感受团队互助的温暖。

四、教学目标

1. 引导学生初步认识什么是公益，什么是公益活动，什么是志愿者。

2. 明确参与公益活动的意义，引导学生产生积极参与力所能及的社会公益活动的意愿。

3. 积极参与调查研究，勇于发表自己的见解，学会与人交流，提高学生收集和处理信息的能力。

4. 有意识地引导学生对公共生活及个人与公共生活的关系形成全面的认识。从身边小事做起，学会关爱他人，关心社会，培养社会责任感。

五、教学重点难点

1. 教学重点：引导学生初步认识什么是公益，什么是公益活动，什么是志愿者，明确参与的意义，有参与意愿。

2. 教学难点：培养学生从身边做起，服务社会，在感受志愿服务中培养社会责任感。

六、教学方法

教学方法有情景体验法、讲授法、小组合作教学法、讨论交流教学法。

七、教学过程

环节一 走近生活 了解公益活动

1. 游戏体验，了解生活中的志愿服务

【图片导入】展示一组图片，请学生根据自己的想法进行分类，说说打算如何分类以及分类的依据。

【小结】同学们开动脑筋按不同的标准进行图片分类，在游戏中有所发现，在分析中呈现观点。这就是学习的过程。

2. 交流感受，导入本课内容的学习

【交流讨论】引导学生再次关注图片，讨论发现它们的共同之处。

【小结】这节课，我们继续学习第六课《我参与　我奉献》第四部分的内容：参与公益。

【设计意图】教师在课件中呈现的图片有公益宣传广告，有志愿服务场景，有公益建筑和物品等。学生们结合已有认知进行分类，在快乐游戏中借助图片初步感受公益的范围。从分类到发现共同之处，通过简单的游戏引导学生在思考中进行学习。

环节二　感悟生活　聚焦公益活动

1. 聚焦公益，感受活动

（1）小组合作，阅读《爸爸的爱心车》，并交流令自己感动的地方。

爸爸的爱心车

我爸爸是名出租车司机，他每天早晨趁出车之便把我送到学校。高考前一天，爸爸对我说："明天不能送你上学了，为了让一些有困难的考生能及时到达考场，我和同行参与了一项义务载送考生去考场的公益活动。"他将一条红丝带系在车上，这是参与爱心公益活动的标志。

（2）师生通过分享让自己感动的故事内容，初步感受公益及公益活动。

（3）指导学生通过定义客观地了解公益及公益活动。

2. 走近公益，了解志愿者

（1）由公益活动自然过渡到"志愿者"一词，引导学生说说对志愿者的了解，根据学生的分享引导其初步感受志愿者的性质和分类。

（2）通过观看小视频，引导学生了解什么是志愿者。

（3）展示志愿者标志，引导学生看图案、谈感受，了解志愿者标志并初步感知其意义。

【设计意图】本环节设计有意识地引导学生从活动园的故事入手，结合实例和客观定义、视频等初步了解什么是公益，什么是公益活动，什么是志愿者，了解志愿者标志及精神，形成正确认知。

环节三 关注生活 探秘公益活动

1. 交流分享，感受志愿者的无穷力量

（1）学生结合已有经验，分享自己成长中了解的公益故事。

（2）通过交流总结，在学生已有认知的基础上，引导学生通过视频、图片感受大灾无情、人间有爱的志愿者精神。

（3）了解习近平总书记在统筹推进新冠病毒感染疫情防控和经济社会发展工作部署会议的重要讲话中对志愿者的评价，提升学生对志愿服务的认识。

2. 阅读思考，感悟田家炳爷爷《慈善要用“心”衡量》的意义

慈善要用“心”衡量

故事讲述了田家炳爷爷创办“田家炳基金会”的故事和意义，田爷爷说：“做善事不一定要有钱，最重要的是真心实意。你不用考虑自己做的是大善还是小善，小善积累下来就变成了大善。做慈善要用‘心’来衡量，有‘心’的慈善才有价值。”用田爷爷的话引导学生感受“有‘心’的慈善”。

（1）学生组内合作学习，标画出文中打动自己的语句或重点内容，作班级分享，在交流中深化理解“有‘心’的慈善”的意义。

（2）小结：当每个人微小的力量积少成多时，就能帮助需要救助的个人和群体。坚持“日行一善”，从小事做起，同样是发挥公益的力量。

【设计意图】本环节两部分内容很好地诠释了公益活动的意义、志愿服务者的内心定位，无论是救灾时的义无反顾，还是日常生活中的用心行善，都是公益活动，都传递出奉献、友爱、互助、进步的满满正能量。引导学生对公益活动、志愿服务有更为全面和深刻的认识。

环节四 改变生活 践行志愿服务

1. 走进党代表，了解公益活动的意义

结合阅读活动园《公益的力量》一文，和学生一起走近党的二十大代表

苏明娟，感受她30多年来对志愿服务精神的传承。

2. 连线优秀志愿者，感受志愿服务的力量

引导学生结合预习单上的内容，在学习小组分享自己课前查阅到的相关事例，分享自己了解或自身参与的志愿服务，在分享过程中发表自己的观点。连线身边的优秀志愿者，感受积极服务社会的快乐和力量。

3. 明理践行，填写爱心志愿服务卡

（1）作为新时代的小学生，你在参与志愿活动中可以做些什么？引导学生填写爱心志愿服务卡，为自己的志愿服务树立一个小小的目标。

（2）小结：服务社会不分大事和小事，生活的小小善举最终可以汇聚成社会生活的浓浓大爱。

【设计意图】从书上活动园的故事到生活中党的二十大代表苏明娟的成长，再到现场采访优秀志愿者，引导学生进一步感知公益活动在志愿者间爱的传递，感受公益事业是凝聚人心、增强正能量的事业，进而明理践行，积极行动，投身公益活动。

4. 课外延展活动

课后师生一起开启志愿服务实践活动：

（1）行动起来，参与活动。

（2）记录分享，感悟成长。

八、板书设计

九、教学反思

《义务教育道德与法治课程标准》（2022年版）指出："培养学生的责任意识，有助于他们提升对自己、家庭、集体、社会、国家和人类的责任感，增强担当精神和参与能力。"定位本课内容的学习，关注每个学生的成长，有意识引导学生认识公益活动的意义，激励学生积极参与力所能及的社会公益活动，在实践中逐步体会公益事业带来的正能量，将小善汇聚成大爱。反思本课教学，有以下三个方面的思考：

一是有意识地引导学生在体验、探究的过程中学习，帮助学生形成探究意识、创新精神和实践能力。五年级学生对公益活动和志愿服务并不完全陌生，他们有一定的生活积累，但认识还不够全面、客观。所以本课的学习不仅有事例的分享，还有相关定义的学习，重在培养学生能力。例如，通过导入图片分组的游戏，让学生感受到不同标准下的分类方式，这既是一种探究、思考的体验过程，又在无声之处给予学生对公益活动类别的内容感知。再如，本课提供的素材故事，要各有侧重地使用。在初识公益活动之后，引导学生阅读田家炳爷爷的故事，在分享中引导学生关注"有'心'的慈善"这一重点内容。关注党的二十大代表苏明娟的故事，从历史画面到现实生活，让学生真实感受公益的无限魅力。这样的指导，更有利于激发学生参与公益的信心与决心。

二是教学始终以社会主义核心价值观为指导，为学生树立良好公民意识和正确的人生观、价值观奠定基础。比如，在了解志愿者标志时，教师先让学生看图案谈感受，基于思考的认知才有更多感情的共鸣，才能让这样的标志和精神走进学生的心间。

三是做好课前相关知识的了解及学情的了解，让学生的身心在课堂学习中真实成长。课前有意识地引导学生走进生活，了解相关知识，指导学生基于已有知识储备查阅、收集、整理相关资料，分析问题，这样的过程可以更好地提升学生的信息素养。

在教学实施中，感悟田家炳爷爷《慈善要用"心"衡量》的意义部分，在交流时重在理解“有‘心’的慈善”的意义，教学中要更加注意引发学生思考：无论是救灾时的义无反顾，还是日常生活中的用心行善，都是公益活动，都传递出奉献、友爱、互助、进步的正能量。这些能够引导学生对公益活动、志愿服务有更为全面和深刻的认识。

第二部分 初中“道德与法治”

七年级下册第三单元《在集体中成长》

第八课《美好集体有我在》

第二框《我与集体共成长》

□山东省济南砚泉学校 李元清

一、课标要求

《义务教育道德与法治课程标准》（2022 年版）第三部分“课程目标”中核心素养之“责任意识”第四学段要求“关心社会，知道我国全过程人民民主制度的优越性，了解时政，主动参与社会公益活动和志愿者活动；在团队合作互动中增强合作精神和领导力”；“健全人格”第四学段要求“正确认识自己，能够自我反思，不断完善自我，保持乐观的态度，学会合作，树立团队意识”；“道德修养”第四学段要求“遵守基本的社交礼仪，理性维护社会公德；理解诚信做人的基本要求，做到言行一致；团结同学，宽容友爱”。

二、教材分析

本课时内容分为两目，第一目《在共建中尽责》，是在前一框的基础上对学生如何与集体共成长进行指导。教材通过共同确定愿景、共同商定集体规则与制度、共同创造良好的集体氛围三部分内容，引导学生了解美好集体的特征，明确良好集体氛围的形成离不开每个人的努力。第二目《在担当中成长》，引导学生进一步认识到自己在集体中担当责任可以成就个人的成长，思考集体生活对个人成长的重要意义。

三、学情分析

学生在集体生活中能够感受到别人为“我”所做的努力和事情，但是缺乏一定的自我反省能力，往往因为某种程度的懒惰而忽略甚至放弃了个人在集体中应该承担的责任。一部分学习成绩好、学习能力强的学生，有可能会全身心地投入到学习中，而忽略了个人为集体的担当。这一部分学生是需要教师关注并及时引导的。要让学生意识到，个人与集体是息息相关的，个人的优秀离不开强大的集体。为了创设美好集体，在集体中发展自我，要积极参加集体的共同活动，遵守集体的行为规范，明确所承担的义务，并最终上升为一种自觉的行为。

四、教学目标

1. 通过“我的班徽我做主”活动，懂得美好集体的建设和维护离不开每个人的努力，增强团队意识，激发集体荣誉感，形成主人翁意识。

2. 通过改选班委我参与活动，形成对复杂事物进行合理性分析的能力，能够分辨是非善恶，形成团队合作能力，从而培养承担责任的能力。

3. 通过情景剧《运动会风波》和“承担责任我能行”活动，感受尽责担当的快乐，知道可以在哪些方面如何为集体建设承担责任，理解自己在承担责任中会付出，也会有所成长。

五、教学重点难点

1. 教学重点：承担集体责任。

2. 教学难点：在集体中成长。

六、教学方法

教学方法有情景体验法、对话教学法、探究式教学法、小组活动体验法。

七、教学过程

【导入新课】播放先导片《我在美好集体中》。

【教师引导】同学们的脸上还带着微笑，沉浸在视频中的美好氛围中，可以看出来，同学们在这个集体中感到幸福和美好，老师也看到了同学们的进步和成长。今天，我们就一起来学习《我与集体共成长》。

【设计意图】来源于学生的校园生活的电子相册视频营造了氛围，符合“三贴近”原则，激发了学生的学习兴趣，充分调动了学生学习的积极性和主动性。

环节一 在共建中尽责

活动一：我的班徽我做主

【教师引导】一个国家有国徽，一个学校有校徽，一个班级也要有班徽，听说之前在美术课上大家已经设计班徽了，老师精选了几张班徽，请同学们欣赏。

【多媒体展示】班徽。

【教师引导】这些漂亮的班徽都是谁设计的呢？请设计者们来给同学们介绍一下！

【学生活动】请学生分享班徽的设计意图和含义。

【学生讨论】你认为哪个班徽更能反映我们大家的共同愿景呢？

【教师总结】在集体中，我们对共同愿景、共同目标的理解和认同需要时间，也需要共同经历的过程。我们共同确定愿景和目标，让它凝聚每个人的才华和智慧，并坚信经过努力集体的愿景和目标一定能实现。

在我们讨论班徽的过程中，同学们展现了良好的人际关系、健康的舆论氛围和积极的精神风貌，这正体现着一个集体的成长过程，也是正气和凝聚力形成的过程。因此，我们不仅要共同确定愿景和目标，也要共同创造良好的集体氛围。

【设计意图】通过让学生分享班徽的设计意图，再让学生参与讨论并最终确定班徽的过程，就是学生参与集体建设的过程。在这个过程中，不仅共同确定了愿景和目标，而且营造了良好的集体氛围，让学生有话可说、有话敢说，活跃了课堂气氛。

活动二：改选班委我参与

【教师引导】马上要进行班委改选了，请你和同组成员一起讨论，设计一份班委改选方案。

【方案包括】（1）班委应该达到哪些标准？

（2）改选班委应按照什么程序进行？有哪些步骤？

【学生活动】小组合作学习，交流讨论。

【教师总结】通过民主程序选举乐于服务集体、有责任心的组织领导者，对全体同学而言，有利于民主意识的培养，对新集体的发展具有重要意义。集体中的成员对集体的领导者会有较为一致的期待与要求。协商确定对组织领导者的品格与才能要求，通过民主程序选举乐于服务集体、有责任心的领导者，往往会成为“民心所向”。在这个过程中，需要我们的“自治”精神。那么，在日常生活中，你是怎样参与班级“自治”的？

【学生活动】学生讨论、发言。

【教师过渡】同学们在发言中提到的主动参与集体建设，积极参加集体活动，自觉维护集体荣誉，这都是“自治”精神的表现。

集体建设有赖于每个成员的自觉愿望和自主行动，需要我们自主建设、自我管理。我们都在集体这艘大船上，在集体建设的过程中，个人不是旁观者，而是主人翁，要贡献个人智慧，主动承担责任。

【设计意图】对不同声音的讨论，能够激发学生辩证地思考问题，让学生们意识到不同的声音是对我们集体理性的爱，是期待我们的集体变得更好，体现了以学生为本，以生活为源，以活动为体，以共享为径，通过对话式方式进行整合性教学的理想课堂。

环节二 在担当中成长

活动三：情景剧《运动会风波》

【学生活动】

小天：我没有什么运动特长，运动会跟我有什么关系？你这胖子，影响队形不说，而且慢半拍，还给咱班丢人！

小胖：奋力拼搏，既是对对手的尊重，也让比赛更精彩了，尊严没有丢！

小东：咱班真差！实力不行，还不如不参赛！把班级的尊严丢光了！

【教师引导】同学们，首先让我们用热烈的掌声对三个小演员为我们带来的精彩表演鼓掌！请同学们思考：你认同谁的观点，为什么？

【学生活动】学生讨论、发言。

【教师引导】集体的建设需要每个人的智慧和力量。为集体分担责任，贡献智慧和力量，做集体的主人，把集体中的每一件事情尽力做好，这就是主人翁意识的体现。为集体出力，需要每个人从实际情况出发，各尽其能，发挥所长。集体的事务，无论大小，都要认真对待并努力做好，从而实现锻炼自己、服务集体的目的。

【教师总结】班兴我荣，班衰我耻。集体的荣誉就是个人的荣誉，个人荣誉与集体荣誉紧密联系在一起。为集体承担责任，需要学会维护集体荣誉。集体荣誉是我们共同的利益与荣誉，需要我们悉心呵护。捍卫我们的尊严和维护集体的荣誉同样重要。

【设计意图】通过情景剧的表演，引发学生思辨，既突出了尊重学生、关注学生，体现了“养根育德”的教育理念，又体现了课堂教学要做到坚持价值性与知识性相统一、显性教育和隐性教育相统一、灌输性和启发性相统一。

活动四：承担责任我能行

【教师引导】承担责任既是个人有所成就的基础，也是集体发展的必要前提。在集体中要学会承担责任，自我磨砺。那么，在集体中主动勇于担责，我能做些什么？

当看到讲台上作业本、粉笔杂乱得散落一片时，我会……

当看到同学在课桌上乱涂乱画时，我会……

当看到同桌解不出数学题时，我会……

当学校举办运动会时，我会……

当班级大扫除时，我会……

当……我会……

【学生活动】小组交流。

【教师总结】勇于担责，体现在实际行动中，落实于具体事情中。

【学生活动】为你点赞，榜样推荐。

在我们的身边，很多同学积极承担责任，为班级的发展做出了努力。请你为他（她）点赞，并说明理由。

【教师提问】随机采访一名同学，你做这些是为了得到奖励吗？

勇于担责，并不是为了获得奖赏或者避免惩罚，而是出于内心的责任感。勇于担责可以为自己赢得信任，可以让自己被赋予更大的责任，从而拥有更多的发展机会。

【教师总结】同学们，让我们为榜样鼓掌。同学们推选了这些榜样，也说明我们班的每个同学都有一双发现美的眼睛。见贤思齐，让我们向他们学习。职责不管大小，事情无论巨细，都要主动作为。

【设计意图】通过“承担责任我能行”活动，感受到集体的成长离不开每个人的付出，每个人也在集体中有所成长，从而激发学生学会参与，学会担当。另外，引导学生善于发现身边的美，见贤思齐，向身边的榜样学习，加强了班集体的向心力、凝聚力！

活动五：班主任寄语

下面让我们聆听班主任寄语，有请班主任老师！（也可以播放提前录制好班主任老师的寄语视频）

【教师提问】听完班主任老师的寄语，同学们有什么感受？在集体生活中，我们要学会哪些成长的必修课呢？

【学生活动】学生讨论、发言。

【设计意图】班主任是学生最熟悉的老师，一个班级的成长和发展离不开班主任的引领和指导，通过班主任老师参与活动，可以进一步激发学生与集体共成长的意愿。

【课堂小结】在集体生活中，学会接纳他人，理解和包容他人；学会关爱他人，互相帮助；学会参与，学会担当。

每个人都是平凡的英雄。只有我们每个人付出关心，付出努力，勇于担责，我们的班集体才会更好，我们的学校才会更好，我们的祖国才会更好，我们每个人的明天才能更好。

八、课外活动

通过日常生活的观察，寻找身边最美的班级主人翁，请为她（他，也可以是自己）设计一份奖状，并撰写颁奖词。

九、教学反思

这节课活泼、灵动，教学设计紧贴学生的现实生活，在学生的生活经验中挖掘教育教学素材。结合学生真实的在校生活体验，选用贴近学生班级生活的情境，“我的班徽我做主”“改选班委我参与”，情景剧《运动会风波》等，让学生清楚地认识到自己与集体共生共成长，通过学生班级生活中的问题交流分享，巧妙引导，使学生能够认识到应当在共建中尽责，在担当中成长。整节课有温度也有情感，既有理性引导，又不乏人文情怀。

反思本课教学设计，还可以从这几个方面进行提升：

第一，明确教学目标。教师应认真研读教材，充分把握学情，确定教学目标。道德与法治课程的教学目标应当把情感、态度、价值观目标放在首位，同时三维目标兼顾。部编教材内容加深，思维容量增大，更贴近学生生活，对教师的要求也不断提高，应当将教材传达的教育理念完整清晰地呈现在课堂上。

第二，创设生活化的情境。《习近平总书记在学校思想政治理论课教师座谈会上的重要讲话》中指出，要坚持理论性和实践性相统一，重视思政课的实践性，把思政小课堂同社会大课堂相结合。教学设计应当符合核心素养的要求，培养学生的能力，帮助学生解决实际问题。情境创设应当源自生活，让学生在参与中体悟、成长。

第三，科学设计问题。教师在设计问题时要注意两点：一是有思维含量，二是贴近情境。情景剧的使用要恰当合理，情境的创设要层层剥开、环环深入，把情景剧用透用活。

第四，突出整体感设计。对于较为复杂的课程内容，要进行合理的整合，化繁为简，逻辑缜密。教学结构设计要精细，合理把握时间。

道德与法治课不是冷冰冰的课本纲目，也不是要死记硬背的空洞道理，它是有意思的，也是有用的。一节好的道德与法治课，应当充分把握课堂，教师应置身其中，实现师生的对话，让师生在思想深处相互碰撞，在精神层面相互鼓励，在灵魂深处引发共鸣，才能顺利实现其育人功能。

第三部分　普通高中“思想政治”

必修4《哲学与文化》

第六课《实现人生的价值》

第二框《价值判断与价值选择》

□济宁市邹城第二中学　李秋兰

一、课标要求

《普通高中思想政治课程标准》（2017年版，2020年修订）第四部分“课程内容”必修课程“模块4：哲学与文化”内容要求“2.1领悟社会存在决定社会意识，理解价值观的形成与时代和环境密切相关；解析价值观差异与冲突产生的社会根源，能够进行合理的价值判断和行为选择”。

二、教材分析

本框题共有两目的内容。第一目《自觉遵循社会发展的客观规律》，通过“相关链接”“阅读与思考”等内容，阐明价值判断和价值选择的产生、关系和社会历史性特征，论述了作出正确的价值判断和价值选择要遵循社会发展规律。第二目《自觉站在最广大人民的立场上》，通过“阅读与思考”“相关链接”等内容，阐述价值判断与价值选择的主体差异性特征，进一步指出要把人民群众的利益作为最高的价值标准。两目分别从“根本标准”和“最高标准”两个角度阐释如何作出正确的价值判断和价值选择。

三、学情分析

从认知结构来看，通过前面阶段唯物论、辩证法和历史唯物主义的学习，学生对价值、价值观有了初步认识，但对价值判断与价值选择有无标准及标准是什么存在认知上的困惑。

从思维特点来看，高二学生具备了较好的抽象思维能力和辩证思维能力、具备了对生活现象经验性观察基础上进行理性思考的能力，能对冲突的社会现象进行评价。但其价值判断和价值选择不够全面、客观，需要教师以例析理，加以正确引导。

从情感特点来看，高二学生情绪情感趋向成熟，能较好地进行自我教育，社会责任感不断增强，但也存在波动性和矛盾性，需要教师适时指点迷津。

四、教学目标

1. 结合黄文秀的事例分析理解价值判断和价值选择的产生和关系。

2. 通过探究不同人对黄文秀去基层工作的不同评价，分析其价值取向及成因；结合黄文秀不同时期的不同选择，分析影响其价值判断的时代因素。

3. 通过对“价值两难”情况的辨析，明确作出正确的价值判断和价值选择，要尊重社会发展规律，站在最广大人民的立场上。

4. 通过“我的梦·中国梦”主题演讲，激发学生的使命感与责任感，将小我融入大我，将个人发展融入时代发展，在为实现国家富强、民族振兴与人民幸福的“中国梦”的奋斗中实现人生价值、升华人生境界。

五、教学重点难点

1. 教学重点：怎样作出正确的价值判断和价值选择。

2. 教学难点：理解价值判断和价值选择的社会历史性和主体差异性。

六、教学方法

教学方法有议题式教学法、辨析式教学法、探究式教学法、讲授法等。

七、教学过程

【议题】面对价值冲突如何选择？

【情境导入】出身贫寒的黄文秀从小便立志考上大学，将来回报父母，当她以优异的成绩从北京师范大学研究生毕业时，却放弃在大城市工作的机会，要回到贫穷的家乡，这是为什么呢？

【设计意图】从高中学生关注的大学生职业选择切入，激发学生学习兴趣，引出本课总议题——面对价值冲突如何选择。

环节一 我的梦·梦之变

分议题1：如何认识价值判断与价值选择的产生及其相互关系？

【议学任务】观看视频并结合问题，合作探究价值判断与价值选择的产生及其相互关系。

【议学情境】播放视频《黄文秀》。本视频展示了十年寒窗走出乡村的黄文秀，从北京师范大学研究生毕业后，毅然选择回家乡担任驻村第一书记，帮助百姓脱贫致富的经历。

【议学问题】黄文秀当初为何走出乡村，学成后又为何选择回归乡村？这体现了价值判断和价值选择是怎样产生的？二者具有怎样的关系？

【议学活动】教师播放视频，提出问题。学生分小组讨论，合作探究并分组展示价值判断和价值选择的产生与关系，其他小组成员可提出质疑或补充。教师通过与学生对话，完善观点。

【设计意图】通过对比黄文秀求学前后的不同选择，让学生通过合作探究理解价值判断与价值选择在实践中产生。黄文秀的每一次选择都是在价值判断基础上作出的价值选择。

【议学提示】黄文秀来自乡村，乡村的成长经历让她意识到只有走出乡村才能接受更好的教育，而走出乡村后的再次回归则是用所学知识回报乡村，帮助家乡百姓脱贫致富。黄文秀的每次价值判断和价值选择都是在社会实践中产生的，而每次价值选择都是在价值判断基础上作出的。基于在大城市可以接受更好的教育，黄文秀选择发奋苦读走出大山；家乡脱贫需要个人奉献，黄文秀研究生毕业后又义无反顾地回到家乡帮助百姓脱贫致富。

环节二 我的梦·梦之惑

分议题2：如何理解价值判断与价值选择的社会历史性与主体差异性？

【议学任务】结合情境材料分析探究价值判断与价值选择的社会历史性与主体差异性。

【议学情境】提供情境材料，对“北京师范大学研究生去山区工作”，不少网友跟帖评论，有点赞的，有质疑的，有嘲讽的……

【议学问题】黄文秀不同时期的选择，体现了价值判断和价值选择怎样的特征？如何理性看待黄文秀不同时期的选择？为何网友们对黄文秀选择去山区工作持不同态度？

【议学活动】教师展示情境材料，提出问题。学生分组讨论，合作探究并分组展示，其他小组可质疑、补充。教师适当点拨、引导。

【设计意图】通过追问黄文秀不同时期的选择，让学生领悟价值判断和价值选择具有社会历史性，并学会将价值观念放在特定历史条件下进行评价。通过探究网友们对黄文秀去山区工作的不同评价，让学生正确理解因为立场、角度不同，不同的人对同一事物可能作出不同的价值评价。价值判断与价值选择，往往因人而异。

【议学提示】黄文秀走出乡村求学和回归乡村扶贫，都是在社会实践基础上作出的价值判断和价值选择。随着时间、空间和条件等社会实践的变化，一定事物的价值以及人们关于它的价值观念也会发生变化。价值判断和价值选择会因时间、地点和条件的变化而不同，这就是价值判断和价值选择的社会历史性特征。黄文秀的每次选择都是根据社会实践的需要作出的，我们对黄文秀的每次选择评价也都要放在特定的时间、地点、条件下进行，不能因为她回归乡村扶贫而否定其当初走出大山的努力，也不能因为当初走出大山求学而否定其回乡扶贫的决心。价值判断和价值选择具有主体差异性。人们的社会地位不同、需要不同，价值判断和价值选择也就不同；价值判断和价值选择往往因人而异，不同的人对同一事物可能作出不同的价值评价。对“北京师范大学研究生去山区工作”，网友跟帖评论，有点赞的，有质疑的，有嘲讽的……这说明因为价值观不同，立场、角度不同，人们对同一件事情可能作出不同的价值评价。点赞的网友看到了黄文秀这个新时代青年的担当与奉献，质疑的从动机出发评价人的行为，嘲讽的将评价标准限于个人世俗的成功。我们要明确价值判断和价值选择的标准，分辨什么是对的、什么是错的，应该怎么做、不应该怎么做。

环节三 我的梦·梦之争

分议题3：如何作出正确的价值判断与价值选择？

【议学任务】通过对价值两难情况的辨析，明确作出正确的价值判断和价值选择，要尊重社会发展规律，站在最广大人民的立场上。

【议学情境】展示情境材料，对黄文秀去乡村扶贫，有人在网上发帖评论：“高学历人才去基层工作是一种人才浪费。”

【议学问题】对黄文秀去乡村扶贫，有人评论“高学历人才去基层工作是一种人才浪费”。对这种观点，你是赞成还是反对？说明你的理由。

【议学活动】就“高学历人才去基层工作是不是一种人才浪费”组织辩论赛。学生先按赞成、反对分为正方、反方进行辩论，然后互换立场继续辩论。最后引导学生分析如何正确处理个人利益与集体利益的关系。

【设计意图】通过辩论特别是互换立场辩论，让学生明白评价人才是否浪费不能仅用金钱标准，要看其才能是否得到了充分施展，是否为国家社会作出了贡献。只有树立了正确的价值观，遵循了社会发展规律，站在最广大人民的立场上，才能在价值冲突中作出正确选择。

【议学提示】“高学历人才去基层工作是不是一种人才浪费”，学生在辩论中首先要明确应该如何评价一个人的价值，怎样才能作出正确的价值判断和价值选择。通过前面价值和价值观的学习，我们知道评价一个人的价值主要看其对社会的贡献。黄文秀对家乡的扶贫事业作出了巨大贡献，在她的带领下，百坭村贫困发生率从她上任时的22.88%降至2.71%。基层是社会治理的基石，基层日常工作千头万绪，复杂多变，需要很强的协调能力和统筹能力，更需要吃苦耐劳的实干精神。黄文秀研究生毕业后，拒绝大城市的高薪工作，毅然回乡扶贫，既遵循了社会发展规律，又践行了共产党员的初心和使命，始终把人民群众的利益作为最高的价值标准。黄文秀在乡村扶贫工作中一直把个人、集体、社会利益三者的统一作为选择的标准，妥善处理各方利益关系，取得了脱贫攻坚的巨大成果。

环节四 我的梦·梦之续

【议学任务】黄文秀被评为“感动中国2019年度人物”，请你为黄文秀撰写颁奖词。班级将开展“我的梦·中国梦”主题演讲班会，请你围绕主题写一篇200字左右的演讲稿。

【议学情境】黄文秀倾力扶贫，到村里开展工作后，她带领村“两委”一班人通过外出考察学习、挨家挨户宣传发动等方式，大力发展村集体经济，村集体经济快速发展。2018年，百坭村103户贫困户顺利脱贫88户，贫困发生率从她上任时的22.88%降至2.71%。黄文秀一心为民，把扶贫当长征路，“在扶贫路上，不获全胜，绝不收兵”，献出了年轻的生命。

【设计意图】通过让学生为“感动中国人物”黄文秀撰写颁奖词，从中学习黄文秀艰苦奋斗、无私奉献、服务人民、积极投身乡村建设的精神力量。并进一步通过“我的梦·中国梦”主题演讲，树立新时代青年的担当作为意识，激励学生将个人梦想融入国家梦想，为实现中华民族伟大复兴的中国梦不懈奋斗。

【议学提示】青年兴则国家兴，青年强则国家强。青年一代有梦想、有本领、有担当，国家就有前途，民族就有希望。“脱贫攻坚楷模”黄文秀身上闪耀的敬业奉献、一心为民的精神力量值得青年学生传承下去。新时代青年要树立远大理想，热爱伟大祖国，担当时代责任，勇于砥砺奋斗，练就过硬本领，锤炼品德修为，在实现中国梦的生动实践中放飞青春梦想，在为人民利益的不懈奋斗中书写人生华章。

八、课外活动

开展“我的梦·中国梦”主题演讲活动，激励学生将个人梦想融入中华民族伟大复兴的国家梦想。

九、教学反思

本课以“面对价值冲突如何选择”为总议题，整体设计包括三个方面的内容：议题引领、情境设计和活动开展。议题引领，在总议题统领下，设计了“我的梦·梦之变”“我的梦·梦之惑”“我的梦·梦之争”和“我的梦·梦之续”四个环节，设三个分议题“如何认识价值判断、价值选择的产生及其相互关系”“如何理解价值判断、价值选择的社会历史性与主体差异性”及“如何作出正确的价值判断和价值选择”，议题设计涵盖了核心知识，与教学任务相衔接，层层递进。情境设计，以感动中国人物黄文秀的乡村扶贫事迹为情境主题，从不同角度深入挖掘情境材料，深刻理解“面对价值冲突如何选择”。活动开展，本课教学活动丰富多彩，既有思辨性强的辩论赛，又有撰写颁奖词和演讲稿等实践活动，让学生在活动中增强对哲理的理解，作出正确的价值判断和价值选择，树立担当作为意识，积极投身于社会建设。

本课在教学设计上还存在需要改进之处：学生活动设计较多，课堂时间安排要把控好，否则容易使学生活动流于形式，难以深度开展；理论拓展深度不够，需要在把握知识逻辑的基础上提升整合。另外，还要在教学实践中实现议题、任务、情境、活动的完美结合。

第四部分 大学“思想道德与法治”

第五章《遵守道德规范 锤炼道德品格》

第三节《投身崇德向善的道德实践》

四、锤炼个人品德

□山东师范大学马克思主义学院 刘园园

一、教材分析

本讲分为三部分。第一部分是“为什么要向上向善、知行合一”，讲清楚大学生投身崇德向善的道德实践的重要性和必要性。第二部分是“向上向善、知行合一有无统一的标准”，重点阐释马克思主义的道德观，同时对道德相对主义的观点作出回应。第三部分是“如何向上向善、知行合一”，从锤炼个人品德、道德修养重在践行和积极引领社会风尚三个层面提出“向上向善、知行合一”的具体路径。

二、学情分析

大学一年级学生在知识储备、认知结构、学习动机方面存在如下特点：

1. 从知识储备来看，学生的伦理学等知识欠缺，视野还不够开阔，需要在教学中补充相关知识。

2. 从认识结构来看，学生认知趋向理性，学习要求深化，需要在教学中从学理层面加强引领。

3. 从学习动机来看，学生从小学开始已经接受道德教育，但主要停留于“应当”层面，对于“应当”的合法性存在困惑和疑问，有学习的需求和动力。

三、教学目标

1. 知识方面：帮助大学生了解伦理学的相关知识，增强对道德实践的理性认知。

2. 情感、态度、价值观方面：激发大学生向上向善、知行合一的热情，端正大学生进行道德实践的态度。

3. 能力方面：引导大学生投身崇德向善的道德实践，不断提升道德品格。

四、教学重点难点

1. 教学重点：大学生如何做到“向上向善、知行合一”。

2. 教学难点：（1）为什么要“向上向善、知行合一”。难点分析：“向上向善、知行合一”是实践要求，其合法性论证是学生践行的前提和基础，教材对此涉及不够。教学对策：引入伦理学的相关知识，列举历史和现实中的典型事例进行讲解。（2）“向上向善、知行合一”有无统一的道德标准。难点分析：这一问题涉及道德相对主义思潮，现实中这一思潮对大学生的道德观产生一定影响，但是该学术观点比较抽象。教学对策：将学术观点与现实案例和学生实际紧密结合，采用案例、讨论等形式加强理解。

五、教学方法

综合运用讲授式、互动式、案例式、讨论式等教学方法。

六、教学过程

本部分教学包含“设疑激趣”“引思明理”“体验导行”三个环节，分别回答“为什么”“是什么”和“怎么办”三个教学问题，即为什么要向上向善、知行合一？向上向善、知行合一的标准是什么？如何做到向上向善、知行合一？

【导入】用13位“银发知播”的事迹导入，带领同学们思考他们何以感动中国。

【得出结论】不老的心态，自信的容颜，积极的探索，热情的奉献，是“银发知播”吸引网友的人格魅力，更是感动中国的深层原因。

1. 设疑激趣：为什么要向上向善、知行合一

本部分教学对大家熟知的“向上向善、知行合一”提出疑问，从学理层面探讨“向上向善、知行合一”的必要性，为实践层面的道德行为提供理论支撑。

（1）为什么要向上向善

介绍美国哲学家伯纳德·格特关于道德的定义，从学理层面阐明道德世界的真实图景，同时辅以历史和现实中的诸多案例，让学生知晓道德不仅是一种实然存在，也是一种应然状态。因此，向上向善推动道德从实然存在走向应然状态，是道德世界发展的永恒真谛。伯纳德·格特认为“道德”一词可以用于以下两种情形：

一是描述性的指称，指的是一个社会、群体（如宗教），或个人所提出的某些行为准则。这是一种实然层面的道德。

【讲授案例】可用尼泊尔地区的月经小屋和中国传统社会的缠脚习俗帮助学生加深理解。

二是规范性的指称，指的是在给定的条件下，所有理性的人可能提出的行为准则。这是一种应然层面的道德。

【讲授案例】可用 2004 年“大头娃娃”事件启发学生体验和感受。

（2）为什么要知行合一

介绍复旦大学高国希关于道德的观点，从学理层面阐明道德世界的真实图景，即道德不仅是一种规范手段，也是一种实践精神，从而得出结论：知行合一，在道德层面实现规范与实践的统一、手段与目的的统一，是道德世界发展的最高境界。

其一，道德是一种规范，用以指导、约束人的行为符合价值取向，建立起社会秩序。因此，人应该学会承担。

【讲授案例】可用劣质艺人的事例加以说明。

其二，道德是一种实践精神，是人类以践履意向为特征的理性能力，是以

指向行为为目的、要与人的行为方式相拥抱的精神活动，体现为善或恶。

【播放视频】可用感动中国2022年度人物邓小岚的事迹加以说明。

2. 引思明理：向上向善、知行合一的标准是什么

本部分教学在解决“为什么要向上向善、知行合一”的基础上，进一步聚焦“上”“善”“一”等主题词，引导学生思考“向上向善、知行合一”是否有统一的标准。具体步骤如下：首先，引导同学们就相关议题作出讨论；其次，由议题讨论引出道德相对主义的观点，使学生认识到道德具有相对性，但并不意味着道德相对主义是正确的；最后，引导学生回归到马克思主义的道德观，对道德相对主义作出回应，指出“向上向善、知行合一”存在共同尺度。

（1）议题讨论

有人认为在这个世界上不存在统一的道德标准。比如在中东地区，女性以前不围黑纱是道德的，现在不围黑纱是不道德的；再比如，缠足在中国传统封建社会是道德的，在今天则是不道德的。有人则认为道德是有普遍性的。比如对于扶起“摔倒在地的老人”在什么时候都是值得提倡的。对此，你怎么看？

（2）道德相对主义的争论

由议题讨论引出二十世纪七八十年代英美伦理学界关于道德相对主义的大讨论。道德相对主义认为，在这个世界上根本不存在适用于所有人、适用于一切社会、适用于任何时代的道德。重点介绍基尔伯特·哈曼的道德相对主义命题。

道德相对主义看到了道德具有相对性的一面，不同时代、不同地域、不同文化、不同群体的道德存在着差异，呈现出不一样的图景。

【讲授案例】可举封闭乡村和开放城市的不同道德加以说明。

但是道德相对主义将道德仅仅归于人们的主观看法、文化方向等，忽视了人类理性判断是非的标准，模糊了善与恶的界限，使得人与人、社会与社会、文化与文化之间的道德生活变得不可能。因此，道德相对主义面临着许多理论上和实践中难以克服的困难。

【讲授案例】可举“9·11”事件加以说明。

（3）马克思主义道德观对道德相对主义的回应

马克思主义道德观以历史唯物主义为基础，既承认道德具有相对性，又为道德标准的统一指明了方向，是应对道德相对主义的一剂良药。

一方面，马克思主义认为道德具有相对性。这是因为，任何道德都产生于以生产关系为核心的社会关系，这种客观性的社会关系规定了人们的文化、习俗和利益诉求，并在此基础上产生出各自的道德观念。另一方面，马克思主义认为道德标准存在共同尺度。这是因为：首先，不同时代、不同地域的人们都具有最基本的利益诉求——生存和发展，围绕这些最基本的利益诉求，人们会形成类似的、基本的道德观。其次，伴随着人类社会在总体上的不断发展，人类的道德规范不断进步，构成一个连续性的道德规范的发展过程，呈现出自身相对独立的变迁历史和不断进步的趋向。最后，马克思主义认为道德标准的共同尺度植根于人们的生活实践，主要看其是否与生产力和生产方式相适合，是否促进了人与社会的发展。

3. 体验导行：如何做到向上向善、知行合一

本部分教学在解决好“为什么”“是什么”的基础上，进一步回答“怎么办”的问题，引导大学生投入到“向上向善、知行合一”的实践中来。

（1）掌握道德修养的正确方法

道德修养作为人类道德实践活动的重要形式之一，是指个体自觉地将一定社会的道德规范、准则及要求内化为内在的道德品质，以促进人格的自我陶冶、自我培育和自我完善的实践过程。加强道德修养，提升个人品德，应借鉴历史上思想家们所提出的学思并重、省察克治、慎独自律、知行合一、积善成德等各种积极有效的方法，并结合当今社会发展的需要身体力行，不断提高自己的道德素质和精神境界。

【讲授案例】曾国藩与“慎独”。

（2）向道德模范学习

道德模范主要是指思想和行为能够激励人们不断向善且为人们所崇敬、模仿的先进人物。道德模范是群众身边看得见、摸得着的榜样，是可以学、能够学的标杆。本部分重点聚焦“大学生应该向道德模范学习什么”这一主题

展开。

【案例讨论】案例可以选取丽江华坪女子高级中学校长张桂梅的故事。案例的编写要全面，不仅要选取张桂梅的事迹，还要选取网友的质疑等声音，全面展示当今社会人们对于道德模范张桂梅的态度。

【启发思考】为什么要向张桂梅学习？应该向张桂梅学习什么？

【得出结论】在讨论和思考的基础上进一步得出结论：道德模范之所以值得学习，是因为他们超越了个体的善，指向了社会的善，这是一种大善，是一种大德。

（3）参与志愿服务活动

志愿服务是指志愿贡献个人的时间及精力，在不求任何物质报酬的情况下为改善社会、促进社会进步而提供的服务。本部分重点是志愿服务的精神以及参与志愿服务的价值。

【讲授案例】可选取 2021 年河南暴雨中合肥理发师失联的故事，引出蓝天救援队这一公益组织，借助这一案例向学生传播志愿服务的相关理念。

【互动讨论】组织学生就志愿服务和雷锋精神的关系展开讨论。有人认为“雷锋同志没户口，三月里来四月走”，对此你怎么看？

【得出结论】引导学生认识到，志愿精神与雷锋精神在本质上是高度统一的，都是社会主义核心价值观的生动体现。

4. 积极引领社会风尚

本部分重点讲述大学生在现实生活中要弘扬真善美、贬斥假恶丑，做社会主义道德的示范者和引领者，促成知荣辱、讲正气、作贡献、促和谐的社会风尚。

【讲授案例】此部分可用冬奥会志愿者的案例予以阐明。

七、课外活动

开展以“社会风尚我引领、文明新风我践行”为主题的志愿服务活动，要求每个同学至少参与校内或校外一项志愿服务活动。

八、教学反思

本设计的教学思路创新。如何让大学生对“向上向善、知行合一”的合法性、有理性的认知是引导大学生进行道德实践的关键所在。本设计架构起“为什么”“是什么”“怎么办”的教学思路，能够增强“向上向善、知行合一”这一教学主题的学理性。

本设计的教学内容丰富，不仅补充了马克思主义伦理学、西方伦理学的知识，拓展了学生看待道德实践问题的视野。此外，本设计融入了大量典型案例，充实了课堂教学资源。

本设计的不足在于对伦理学知识要求较高，需要教师补充、拓展相关知识。

主题十三

培养劳动精神　创造幸福生活

第一部分 小学“道德与法治”

一年级下册第三单元《我爱我家》

第十二课《干点家务活》

第三课时《再来学一招》

□ 济南市十亩园小学 王玉秀

一、课标要求

《义务教育道德与法治课程标准》(2022 年版）第三部分“课程目标”中核心素养之“道德修养”第二学段要求“感知父母的辛劳，孝敬父母，尊重师长”；“责任意识”第二学段要求“学会自己的事情自己做，减轻父母的负担”。

二、教材分析

《再来学一招》是《道德与法治》（部编版）一年级下册第三单元第十二课《干点家务活》第三课时的教学内容。本课共包括四个主题，分别是“我做过的家务活”“做点家务很不错”“再来学一招”“这时怎么办”，通过引导学生回顾自己曾经做过的家务，体会做家务过程中的快乐与成长，鼓励学生主动做家务。第三课时《再来学一招》，通过“我当小老师”“向你学习”“劳动竞赛”等实践活动带领学生学习新的劳动技能，让学生意识到，作为家庭中的一员应该主动做一些力所能及的家务活，以分担家庭事务，减轻父母长辈的家务负担，懂得爱做家务、会做家务是好孩子的表现。

三、学情分析

相比幼儿园阶段，一年级小朋友在情感态度、行为习惯等方面都有了很大的进步。但是通过课前了解，就做家务方面，学生存在较大差异。有的学生自理能力很强，自己的事情基本不用家长操心，再加上学校经常开展劳动技能比赛、包饺子等活动，一些积极参与的学生动手能力明显高出一截，但是绝大部分学生依赖性较强。教师通过课前走访班主任、询问学生等方法，了解到造成这种状况的主要原因大致有三个方面：一是部分家庭的妈妈为全职主妇，家务活根本不用孩子帮忙；二是很多家庭属于三代同堂，老人格外疼孩子，心甘情愿为孩子付出；三是一部分家长素质不高，溺爱孩子，怕孩子受苦受累，什么事情都不让孩子干。这三个方面促成了部分孩子不爱劳动，不会劳动，缺乏家庭责任感。

四、教学目标

1. 懂得做家务是爱父母长辈的表现，鼓励学生积极参与家务劳动。
2. 指导学生动动手、动动脑，帮助他们掌握一些基本的家务劳动技能。
3. 感受做家务的乐趣，体会“负责任、有爱心地生活”的美好。

五、教学重点难点

1. 教学重点：学会做家务活，懂得积极主动做家务是关爱父母的表现。
2. 教学难点：养成积极主动做家务的行为习惯和品质。

六、教学方法

教学方法有体验探究、交流讨论、竞赛活动、情景模拟等。

七、教学过程

环节一 播放故事，激趣导课

1. 播放绘本故事

（1）播放绘本故事《小威利做家务》。

（2）思考：小猪威利和妈妈一起做了哪几件事情？你觉得威利做得怎么样？

2. 交流并揭示课题

今天，我们就跟着小威利一起《再来学一招》。

【设计意图】通过学生喜欢的动画片引入，既激发学生兴趣，又巧妙导入课题，引出关于“再来学一招”的话题。

环节二 交流展示，学习实践

1. 交流展示，初步感知劳动情况

（1）展示：学生通过图片、微视频展示在家里做家务的情况，与其他同学进行分享。

（2）小结：家务劳动要主动做、坚持做，这样既能养成良好习惯，又能帮爸爸妈妈分担家务，减轻他们的负担，表达对他们的关爱和回报。

【设计意图】通过让学生汇报、展示自己做家务的情况，鼓励学生结合自己平时的生活经验交流做家务的实况，充分交流后教师再予以补充、总结与提升，激发学生乐于做家务的愿望。

2. 活动一：看看阿 U 怎么做

（1）播放微视频。阿 U 为了得到新玩具，在妈妈的要求下做起了家务活，说一说他做得怎么样。

（2）学生交流感受

【讨论交流】阿 U 遇到了什么麻烦？我们在生活中也经常遇到不会做的事情，大家是怎么解决的？

（3）小结：做家务要讲究方法，有很多事情是我们不熟悉、不会做的，我们应该向爸爸妈妈请教，向会做的人学习，学会了再做。只要用心学，都可以学会。

3. 活动二：跟我一起学着做

家务劳动小妙招

叠 T 恤：伸伸手，抱一抱，弯弯腰。

叠短裤：站两队，变一队，弯弯腰。

叠被子：铺开小花被，将它理平整，先把长边过中间，再把对边叠整齐。被头被尾面对面，最后变成大嘴巴，整整齐齐放床边。

（1）学生跟随视频，配合儿歌学习叠 T 恤、叠短裤、叠被子的方法。

（2）拓展学习：学生上台展示交流其他叠T恤、叠短裤、叠被子的方法。

（3）小结：同学们学得都很用心，只要勤加练习，相信大家一定都能做得很好。

4. 活动三：再来学一招

（1）教师演示讲解系鞋带的步骤与方法。

（2）小组分组练习：自己尝试学习系鞋带。教师巡视指导，拍照记录学生的表现情况。

第一步：两根鞋带交叉，后面的翻到前面，穿过小孔，右手拉出来，两只手各拉一头，拉紧。

第二步：重复第一步，再做一遍。只是，把第一步的一根绳打个弯，变成两层，就像两个小耳朵，分别捏在手上。再进行交叉，把后面的翻到前面，再从孔里穿出来，两只手拉紧。

（3）学生展示作品，教师评析奖励。

【设计意图】教师通过一系列活动，帮助学生切实掌握简单的家务劳动小技巧，让学生在动手实践中加深对家务劳动积极的情感体验。通过课堂展示和多种形式的评价，充分肯定学生参与家务劳动的热情和态度，使他们充满自信，更愿意做家务劳动。

环节三　劳动小竞赛，技能大比拼

1. 宣布劳动小竞赛的规则

【要求】学生用1分钟进行分工，然后按照分工的顺序重新站好位置。前面的选手比赛结束后，下一个才能开始，不能违规。

2. 组织学生开展劳动小竞赛

教师宣布劳动小竞赛开始，组织比赛：比一比，谁的速度最快，谁叠得最整齐。

3. 师生观摩竞赛、评析奖励

【设计意图】通过让学生进行劳动小竞赛，既进一步巩固了学生学习的劳动新技能，又极大地激发了学生做家务的兴趣。

环节四 总结收获，课外延伸活动

1. 总结收获

【回顾】今天学习了几种新本领，交流学习收获。

2. 课后拓展延伸

（1）拓展活动：鼓励学生坚持天天做家务，填写“家务劳动记录卡”，把做过的家务劳动记录下来。

表 13-1 ________的家务劳动记录卡

	周一	周二	周三	周四	周五	周六	周日
扫地							
擦桌子							
倒垃圾							
刷碗							
收拾屋子							
其他（自己填）							

（2）小结：希望同学们回家后，对于会做的家务活，能主动帮助家长做，坚持天天做；不会做的学着做，认真练。只要用心，就一定能学会。到五一劳动节的时候，同学们比一比，看谁学会的家务活多，谁坚持得好。

【设计意图】从儿童的生活出发，一方面让学生进一步巩固课堂学习的劳动新技能；另一方面又将活动得以延续，让学生懂得所有家庭成员都应该承担家务劳动。

八、板书设计

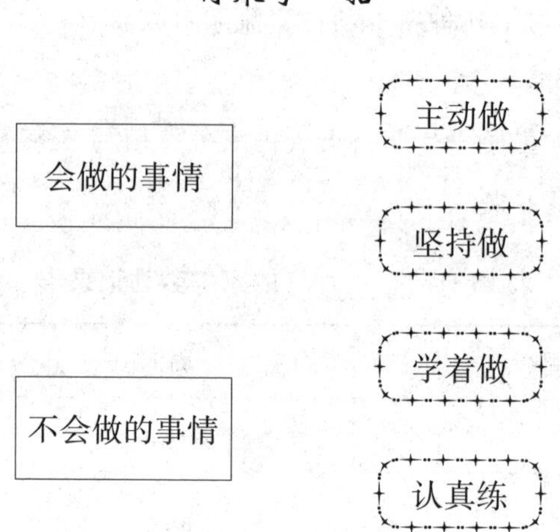

九、课后反思

这节课真正实现了以学生为主体的指导思想，是一节实实在在的、有意义的思政课。有趣的课堂实践活动，既丰富了学生们的劳动体验，又促进了知情意行相统一。本节课主要体现了以下几点：

1. 了解生活，寻找链接。课堂上引导学生进入真实的生活世界，对自己的生活进行有意义的观察体验。课前布置学生记录家务劳动的情况，并拍成照片、视频，在课堂上进行展示，在学生中树立起了学习的榜样。通过交流，学生认识到父母很辛苦，自己长大了，应该帮他们分担家务，这是爱的表现。随后，在活动中激活已有的生活经验，请会做的同学当小老师，教给大家叠 T 恤、叠短裤、叠被子，让学生体验到更多的成就感。

2. 游戏引趣，营造氛围。和谐的课堂气氛能有效地激发学生的学习兴趣。绘本故事的导入，激发了学生的学习兴趣。用动画视频导入，启发学生思考“遇到困难怎么办”。教师以学习者的姿态给予学生展示的空间，既增强了趣味性，又提高了学生的成就感。这样的课堂，从交流到实践，再到感悟，无一不体验着和谐的课堂气氛，从而提高了教育的实效性。

3. 注重从学生的生活实际出发。结合学生在家做家务的实际情况，充分利用课程资源，以图片、视频的形式把学生的劳动情况呈现出来，让学生观察、分析，加强了教学的针对性。在此基础上，引导学生展示劳动技能，编儿歌进行练习。由于教学内容贴近生活，源于生活，因此学生有话可说，能积极参与。

4. 注重课上实际操练、课后道德实践。“纸上得来终觉浅，绝知此事须躬行。”小学低年级的教学强调“做中学”，寓教育于活动中。所以，本课注重引导学生在课堂上学技能，在生活中用技能，取得了良好的教学效果，强化了情感体验，深化了品德教育的实质，提升了儿童的品德。

虽然这节课设计了有趣的课堂实践活动来丰富孩子们的劳动体验，激发他们学做家务活的热情，但是如果在这些活动中能对学生进行团队合作的教育，将德育教育渗透到“小竞赛、技能大比拼”中，一定会收到意想不到的课堂教学效果。

第二部分　初中“道德与法治”

九年级下册第三单元《走向未来的少年》

第六课《我的毕业季》

第二框《多彩的职业》

□青岛市崂山区第三中学　王爱娣

一、课标要求

《义务教育道德与法治课程标准》（2022年版）第三部分“课程目标”中核心素养之“政治认同”第四学段要求“理解中国梦的内涵，树立为中华民族伟大复兴而奋斗的理想”；“道德修养”第四学段要求“感知劳动创造的成就感、幸福感，领会劳动对个人和社会的价值，形成诚实劳动、劳动创造美好生活的意识；初步了解职业道德规范，立志做未来的好建设者”；“健全人格”第四学段要求“正确认识自己，能够自我反思，不断完善自我，保持乐观的态度，学会合作，树立团队意识”。

二、教材分析

本课为《道德与法治》（部编版）九年级下册第三单元《走向未来的少年》第六课《我的毕业季》第二框的教学内容，旨在引领学生树立正确的择业观，增强爱岗敬业的意识，增强社会责任感，懂得在劳动实践中服务社会，实现人生价值；培养自己脚踏实地、勤勤恳恳、刻苦钻研、精益求精、不断创新的敬业精神；明确应该努力学习，提高各方面素养，为精彩的明天作准备。

三、学情分析

九年级学生即将面临初中毕业，有些学生进入普高学习，有些学生进入中等职业学校学习，有些学生可能直接走上职业岗位。面对未知的未来，面对日新月异的社会发展和多样的职业选择，很多学生还作好准备，有些学生还没有正确的职业观念，需要引导学生对未来作好职业规划与准备，也需要引导学生将自己的人生规划与国家、社会的发展相适应，通过辛勤劳动、诚实劳动、创造性劳动，在承担社会责任中实现自己的人生价值。

四、教学目标

1. 通过课前调查分享和课上对比思考，培养交流沟通的能力，促进学生形成正确的劳动观和职业观，认同劳动创造价值，初步树立爱岗敬业的职业精神。

2. 通过生涯规划，合理规划自己的人生，努力为国家和社会作贡献。

3. 通过活动探究，对比职业变迁和“中国制造”规划，理解要作好职业准备。

4. 通过“大国工匠胡双钱”的故事分享，知道不同的劳动和职业都具有独特价值，理解处理好职业与兴趣的关系，明确要爱岗敬业。

5. 通过课前小调查、课上分析、课后拓展有关职业的内容，进行合理的生涯规划，树立“劳动光荣、创造伟大”的观念，坚定为实现远大理想而奋斗的信念。

五、教学重点难点

1. 教学重点：如何正确选择职业。

2. 教学难点：如何培养敬业精神。

六、教学方法

教学方法有情境教学法、合作探究法、主题穿线法等。

七、教学过程

环节一 导入新课

1. 猜一猜：这是什么职业？

（1）通过直播中的试穿、试吃、试玩并实时在线互动，让消费者选购到称心如意的商品，要有专业的知识和较强的沟通、应变能力。

（2）电脑游戏不仅是一种娱乐方式，也是一种赚钱谋生的手段。它对人们的思维、才能、协调能力要求都很高，可能对年龄要求也有限制（毕业后可做游戏策划和设计师、游戏解说员等）。

2. 说一说：你还知道或者喜欢哪些职业，介绍一下这些职业的特点，把课前调查的内容与其他人分享。

【小结】即将初中毕业的我们，未来会从事某一种或多种职业，承担社会分工中的不同角色。在走向未来的征程中，我们应该作好职业准备，规划好自己的职业生涯。

【设计意图】通过让学生猜测当下熟悉且火热的“网络主播”“电子竞技”两项职业，激发学生对职业尤其是新兴职业的关注；再通过课前小调查的分享，导入新课。

环节二 学习新课

板块一：多彩职业促发展

1. 课前调查分享：“从自己所从事的职业中有哪些收获？”

【学生回答】教师根据学生的回答进行引导。

【设计意图】老师根据学生的采访和回答及时点拨，进行正确价值观的引导，提出劳动创造价值，劳动让生活更美好，人生价值在劳动、创造和奉献中得到实现。

2. 对比思考：现实生活中的“啃老族”。

“啃老族”是指一些不升学、不就业、不进修或不参加就业辅导，终日无所事事的族群。“啃老族”年龄大都在23岁至40岁，有谋生能力，并非找不到工作，而是主动放弃就业的机会，赋闲在家，不仅衣食住行方面的支出全靠父母，而且花销往往不菲。社会学家将这种未“断奶”的年轻人称为“新失业群体”。

【学生思考】“啃老族”主要欠缺的是什么？

【达成共识】缺乏自立能力和责任感，对自己、对他人、对社会均不负责。人的一生中，大部分时间要从事一定的职业，这是社会分工的要求，也是个人为社会作贡献、实现人生价值的基本路径。

国家的发展、民族的振兴需要全国各族人民在各种各样的职业岗位上共同奋斗。

【设计意图】通过对比思考，促进学生形成正确的劳动观和职业观，劳动没有高低贵贱之分，只要为社会作出贡献，每个人都了不起。

板块二：选择职业我准备

1. 课前调查分享：

（1）是否喜欢自己的职业？为什么？

（2）该职业的入职条件与能力要求有哪些？

【学生回答】教师根据学生的回答进行引导。

【达成共识】作好职业准备，进行职业选择，学生要考虑自己的兴趣爱好，明白自己想做什么；要把握自己的个性特长，清楚自己适合做什么；要结合自己的能力和经验，思考自己能够做什么。如果自己的能力和经验与职业要求差距较大，就要不断加强学习，提高自身素质，适应工作岗位的要求，满足国家和社会发展的需要。

2. 职业规划路径：学生阅读教材第76页“方法与技能”，了解职业生涯规划的方法。

【设计意图】通过课前调查的分享，明确怎样作好职业准备，教给学生职业生涯规划的方法，课后进行进一步规划。

3. 活动探究：职业的变迁。

（1）小组交流：哪些职业已经消失或正在消失？现在有哪些新兴的职业？

大胆猜测一下可能产生的新职业。为什么有些职业会消失，也会产生一些新的职业？

【师生小结】在经济全球化时代，科学技术突飞猛进，各国之间的联系愈益密切。社会分工逐渐细化，引起传统职业的变革和新兴职业的兴起。

（2）阅读教材第77页“探究与分享”国务院发布的《中国制造2025》，了解重点发展的十大领域。

【图片展示】教师展示中国制造2025图片、“大众创业，万众创新”图片。

【教师提问】国家实施制造强国战略，对我们未来的职业规划有什么影响？

【学生回答】略。

【展示】党的二十大报告指出，要坚持教育优先发展、科技自立自强、人才引领驱动，加快建设教育强国、科技强国、人才强国，坚持为党育人、为国育才，全面提高人才自主培养质量，着力造就拔尖创新人才，聚天下英才而用之。着力形成人才国际竞争的比较优势。加快建设国家战略人才力量，深化人才发展体制机制改革，把各方面优秀人才集聚到党和人民事业中来。

【师生小结】新时代，国家为劳动者提供了更多机遇，也对劳动者提出了更高的要求。我们要顺应时代的变化，抓住机遇，作好多方面的准备，努力提升自身素质，迎接未来世界的挑战。

【设计意图】通过学生的活动探究，在对比职业变迁和我国“中国制造”规划中，激励学生勇于面对机遇和挑战，做好职业准备。

板块三：走进职业有担当

“大国工匠胡双钱”故事分享（一）

【播放视频】胡双钱是中国商飞上海飞机制造有限公司高级技师，人称“航空手艺人”。40年里，他创造了打磨过的零件百分之百合格的纪录。他说：“每个零件都关系着乘客的生命安全。确保质量，是我最大的职责。”无论多么简单的加工，胡师傅都会在干活前认真核校图纸，操作时小心谨慎，加工完多次检查。他还在零件制造中大胆进行工艺技术攻关创新。他用一双手和一台传统的铁钻床，仅用 1 个多小时，就能够完成有着大小不一的 36 个 0.24 毫米孔洞的零件。胡师傅的手艺和职业道德，不仅在工作中得到了工友们的钦佩，也获得了各级政府部门的认可。胡师傅先后获得“全国劳动模范”“全国敬业奉献模范”等称号和“全国‘五一’劳动奖章”。

（1）提问：结合材料谈谈，“航空手艺人”胡双钱是如何对待自己的工作的？你从中得到什么启发？

【学生回答】学生交流，教师引导。

【归纳总结】胡师傅有着强烈的敬业精神，在工作中服务他人、服务社会，热爱自己的职业，创造出物质财富和精神财富，脚踏实地、勤勤恳恳，刻苦钻研、精益求精，才能成就一番事业，实现自己的人生价值。

（2）敬业是中华民族的传统美德，孔子称之为“执事敬”，朱熹称之为“专心致志，以事其业”。

【阅读材料】《中华人民共和国劳动法》第三条的规定（教材第 80 页“相关链接”）。

【小结】培养敬业精神，不仅是从业者要遵守的道德规范，也是劳动者的法定义务。

【设计意图】从胡双钱的系列故事中，感受敬业精神的重要意义，明白敬业爱岗不仅是道德要求，也是法律要求。

“大国工匠胡双钱”故事分享（二）

材料：胡双钱从小就喜欢飞机。小时候，为了看飞机，他不惜从家步行两个多小时到大场机场附近，躲在跑道边的农田里看飞机起落。炎炎夏日，他常常被水沟边的蚊虫叮得满身是包。1980 年，胡双钱从技校毕业后进入上海飞机制造厂工作，但在技校学习铆工的他被分配到了钳工的岗位。他说：“虽说跨了专业，但不懂就去问，觉得每一次都是锻炼自己。”后来，胡师傅非常幸运地参与并见证了中国在民用航空领域的第一次尝试——运 10 飞机的研制和首飞。可是由于种种原因，运 10 项目下马，工厂也进入了一段无活儿可干的艰难期。工厂的许多同事纷纷奔向了发展势头正旺的民营企业，但对梦想的坚守让他最终选择留了下来。

（1）结合材料谈谈胡双钱是如何处理兴趣与职业的关系的？

【归纳总结】兴趣往往需要在实践中发现、培养，在实践中增长知识、锻炼能力。

【过渡】兴趣也会随环境、条件的变化而改变。

（2）小组讨论：为了兴趣，是否应该跳槽？学生分组讨论回答。

【归纳总结】在未来的工作中，要处理好职业与兴趣的关系，在工作中培养兴趣，履行好工作职责，爱岗敬业。

【设计意图】此板块以大国工匠胡双钱的系列故事穿线，引导学生结合胡师傅的故事，懂得如何处理兴趣与职业的关系，履行好工作职责。

板块四：走向职业我努力

走向自己向往的职业，我们可能还有不小的差距，在追寻职业理想的过程中，可能还会遇到不少的困难和坎坷。我们要不断增长知识、培养能力，增强法治意识、涵养道德、健全人格，为将来的职业发展奠定基础。

【课堂活动】请同学们对照课前小调查中的分析，结合本节课的学习，进一步进行反思，寻找差距，思考对策，进行未来规划。

【教师寄语】未来已来，时不我待。愿同学们面对这百年未有之大变局，珍惜大好青春年华，从现在开始，努力学习，提高各方面素养，为精彩的明天作好准备。

八、课外活动

请在规划表中，继续完成自己的规划和打算。

我的职业理想：________________________________

我目前的差距：________________________________

我的规划和打算：______________________________

九、教学反思

1. 本课立足学情，通过课前小调查和胡双钱的故事进行主题穿线，教学线索明晰，利于学生理解职业准备的意义和怎么做，理解敬业精神的意义，学会处理职业和兴趣的关系。

2. 本课将课前探究、课内学习与课后延伸有机结合起来，将思政学习进行延展，利于学生今后学习，进一步作好职业规划和职业准备。

3. 本课将问题与情境有机结合起来，将生活逻辑与知识逻辑有机结合起来，利于学生思维能力的锻炼，通过正面事例的引导并采用对比的方式，利于引导学生进一步深度思考和学习。

附：

表 13-2 课前小调查：了解职业

班级：	姓名： 调查时间： 调查方式：
调查对象	职业名称： 入职时长：
调查问题	1. 该职业的主要特点有哪些？
	2. 所从事的职业，让自己有哪些收获？
	3. 是否喜欢自己的职业？为什么？
	4. 该职业的入职条件与能力要求有哪些？
调查感悟	

【调查要求】你最喜欢的职业是什么？走访几位从事该职业的工作者，了解该职业的主要特点、入职条件和能力要求以及从业者的职业认同感。

第三部分　普通高中“思想政治”

必修2《经济与社会》

第二单元《经济发展与社会进步》

综合探究《践行社会责任　促进社会进步》

□山东师范大学附属中学　赵炳勇

一、课标要求

《普通高中思想政治课程标准》（2017 年版，2020 年修订）第四部分“课程内容”必修课程“模块 2：经济与社会”内容要求“2. 3 阐明劳动对社会发展和进步的意义，弘扬劳动精神，树立崇尚劳动、热爱劳动的观念”。

二、教材分析

《践行社会责任　促进社会进步》是普通高中思想政治必修 2《经济与社会》第二单元《经济发展与社会进步》综合探究的教学内容。本课在“理论评析”部分有五段内容：第一段说明劳模精神、劳动精神、工匠精神的内涵和弘扬的意义；第二段说明劳动模范的作用；第三段说明劳动的本质、劳动对社会发展的意义；第四段强调诚实劳动，弘扬工匠精神；第五段说明成功创业者的素质，弘扬企业家精神，坚持经济效益和社会效益的统一。青年学生应弘扬劳动精神，投身创新创业，践行社会责任，促进社会进步。

三、学情分析

从认知结构看，学生能够说出劳动的基本内涵和劳动精神的重要性，但不了解其中的本质内涵，不清楚弘扬劳动精神、劳模精神、工匠精神、企业家精神的重大意义及其内在联系。本框涉及劳动观的相关知识，学生相应的历史知识储备不足。

从学生的思维特点看，随着思维的独立性、批判性、抽象性、创新性的发展，高中学生已不满足教师单纯的知识讲解和教材的叙述，他们更善于质疑，主动关心和关注国家大事、社会问题，也很乐意探讨这些问题，但由于心智还不够成熟，很容易形而上学地看问题，他们需要教师引领，树立正确的世界观、人生观和价值观。

四、教学目标

1. 通过列举我国劳动模范的事迹和探究活动，理解劳动的本质内涵、劳动精神的实质以及劳动对社会发展进步的重大意义，弘扬劳动精神和劳模精神。

2. 通过列举平凡劳动者的事迹，懂得优秀劳动者的共同品质，分析如何成为最美劳动者、彰显劳动者的责任担当，从而培育敬业精神，弘扬社会主义核心价值观。

3. 通过列举创业者的素质，明确成功的企业家创新创业应该具备的条件和素质。弘扬企业家精神，坚持追求经济效益和承担社会责任的统一，培养科学精神和辩证思维能力。

五、教学重点难点

1. 教学重点：劳动对社会发展与进步的意义，弘扬劳动精神和劳模精神；创新创业应具备的素质，弘扬企业家精神。

2. 教学难点：劳动的本质、企业家坚持经济效益和社会效益的统一。

六、教学方法

教学方法有议题式教学法、辨析式教学法、探究式教学法、讲授法等。

七、教学过程

环节一　创境激趣——提出议题，探究劳动价值

“田家少闲月，五月人倍忙。”“晨兴理荒秽，带月荷锄归。”中华民族历来有热爱劳动的光荣传统，古代诗词中留下了不少脍炙人口的劳动赞歌。人生因劳动而精彩，生命因劳动而美丽。为什么说劳动最光荣、最伟大、最美丽？这节课我们以此为总议题，设立三个分议题：为什么要弘扬劳动精神？怎样成为最美的劳动者？成功的创业者需要具备怎样的素质？

【设计意图】开门见山，直奔主题；引用古诗词，增加文化韵味；激发学生兴趣和探究议题的热情。

环节二　引思明理——解决议题，弘扬劳动精神

分议题1：为什么要弘扬劳动精神？

【议题情境】课前布置搜集全国劳动模范及其事迹，课上展示分享，并作为探究的情境。

情境1：刁统武，中国重汽集团济南卡车股份有限公司车身部维修钳工主办技师。他在生活中团结同事，具有良好的道德品质，严于律己，宽以待人。工作中，刁统武尽职尽责，甘于奉献，发扬吃苦耐劳的精神。他精通机械、液压等设备，擅长解决焊接工装故障难题，能根据检测数据分析出驾驶室焊接过程中存在的问题，具有见图就能识别工装设计中存在问题的能力。为进一步提高自己的业务水平，他通过学习，先后掌握了三坐标测量原理分析、CAD 绘图、CATIA 三维设计，精通驾驶室焊接过程中的各个环节，能够掌握整个驾驶室的生产线建线流程和驾驶室产品的组装流程。在 20 年的生产历练中，他练就了一整套通过“听、摸、看”快速发现设备故障、熟练解决设备难题的过硬本领。他成为集设计、现场施工于一身的先进技术人员，并于 2020 年获得“全国劳动模范”称号。

情境2：姜卫娟，山东登海种业股份有限公司玉米所所长。每一个育种人

的梦想都像一颗等待萌发的种子，她的执着与坚定，就是浇灌种子健康成长的肥料与水源。她长期致力于玉米育种、高产栽培配套技术研究。她育成的品种在全国28个省（市、区）推广种植，累计推广种植面积达5亿亩，带动农民增收，增产粮食500多亿公斤，增加社会效益500多亿元，为保障我国粮食安全作出突出贡献。她于2020年获得“全国劳动模范”称号。

情境3：孙泽洲，曾获国家科学技术进步奖特等奖、一等奖，国防科学技术奖特等奖以及“全国‘五一’劳动奖章”等多项荣誉。他是我国航天器总体设计和测控通信技术专家，是我国月球及深空探测器技术的新一代领军人物之一。他长期致力于深空探测领域研究和工程实践，先后担任嫦娥三号、四号探测器及火星探测器系统总设计师，带领团队圆满完成了我国首次绕月探测任务和首次月面软着陆及巡视探测任务，尤其是嫦娥四号探测器实现人类首次登陆月球背面，是我国建设航天强国的重大标志性工程。作为火星探测器的总设计师，他将带领团队继续推动中国深空探测不断走向更远。他于2020年获得“全国劳动模范”称号。

【议学活动】（1）结合优秀劳动者故事，说明劳动对社会发展和进步的意义。

（2）结合优秀劳动者故事，分析劳动精神的内涵，说明为什么要弘扬劳动精神。

【设计意图】通过学生搜集并展示全国劳动模范的事迹，进一步探究劳动的价值，从而说明劳动创造了今天的幸福美好生活，推动了社会的进步和发展，使学生热爱劳动，弘扬劳动精神。

【议学提示】（1）劳动是人类的本质活动，劳动光荣、创造伟大是对人类文明进步规律的重要诠释。正是因为劳动创造，我们才拥有了历史的辉煌；也正是因为劳动创造，我们才拥有了今天的成就。

（2）“民生在勤，勤则不匮。”中华民族是勤于劳动、善于创造的民族。劳动模范是劳动群众的杰出代表，是最美的劳动者。劳动模范身上体现的“爱岗敬业、争创一流，艰苦奋斗、勇于创新，淡泊名利、甘于奉献”的劳模精神，是伟大时代精神的生动体现。

（3）在前进道路上，我们要始终弘扬劳模精神、劳动精神，为中国经济社会发展汇聚强大正能量。

引用习近平总书记的话升华：

> 在全社会弘扬劳动精神、奋斗精神、奉献精神、创造精神、勤俭节约精神，培育时代新风新貌。
>
> ——《高举中国特色社会主义伟大旗帜，为全面建设社会主义现代化国家而团结奋斗——在中国共产党第二十次全国代表大会上的报告》(2022 年 10 月 16 日)
>
> 劳模精神、劳动精神、工匠精神是以爱国主义为核心的民族精神和以改革创新为核心的时代精神的生动体现，是鼓舞全党全国各族人民风雨无阻、勇敢前进的强大精神动力。
>
> ——习近平在全国劳动模范和先进工作者表彰大会上的讲话（2020 年 11 月 24 日）

分议题 2：怎样成为最美的劳动者？

【续写短文】探究怎样成为最美的劳动者。

是谁，在无数人进入甜美的梦乡时，还穿梭在各个病房之间，在人们举家团圆的欢庆时刻，还辛勤地忙碌在工作岗位上。是她们，那些默默付出、美丽纯洁的白衣天使！

是谁，不怕风吹雨打，不怕日晒夜露，在喧闹的城市街口，用身姿和手势塑了一尊尊青春的雕像？是他们，那些无私奉献、勤勤恳恳的交通警察！

是谁，如和煦的阳光，如蒙蒙的细雨，温暖着、滋润着孩子们的心田？是他们，那些甘为人梯、呕心沥血的人民教师！如同红烛一般，燃烧自己，照亮别人，用辛苦的汗水换来了桃李满天下。

是谁，____。

【议学活动】结合全国劳动者模范和上述材料优秀劳动者的事迹，他们身上有哪些值得学习的优秀品质？对照这些优秀劳动者，新时代的我们如何成为最美劳动者？

【设计意图】通过续写活动、探究活动，让学生懂得，不只是全国劳动模范等人物，也有很多在平凡工作岗位上默默奉献的劳动者，他们都很伟大、很光荣，昭示平凡也可以伟大，平凡也可以美丽。

【议学提示】（1）他们刻苦学习，善于思考，在做好本职工作的同时，能够主动自我加压，手不释卷，利用一切空余时间学习，钻研技术和业务知识，使自身的工作能力和业务素质很快得到提高。他们勤奋敬业，踏实肯干，在自己的工作岗位上勤勤恳恳，兢兢业业，以忘我的境界去做好每一项工作。他们脚踏实地、乐于奉献、埋头苦干。他们的可贵之处在于：通过艰辛劳动，在本职岗位上取得重大成就时，耐得住寂寞，经得住考验，一如既往地踏实工作。

（2）劳动没有高低贵贱之分，任何一份职业都很光荣。广大劳动群众要立足本职岗位诚实劳动。无论从事什么劳动，都要干一行、爱一行、钻一行。在工厂车间，就要弘扬工匠精神，精心打磨每一个零部件，生产优质的产品。在田间地头，就要精心耕作，努力赢得丰收。在商场店铺，就要笑迎天下客，童叟无欺，提供优质的服务。只要踏实劳动、勤勉劳动，在平凡岗位上也能干出不平凡的业绩。

（3）结合时代的发展，应努力提高素质，学习本领，争做知识型、技术型、创新型的人才。

引用习近平总书记的话升华：

> 全社会要崇尚劳动、见贤思齐，加大对劳动模范和先进工作者的宣传力度，讲好劳模故事、讲好劳动故事、讲好工匠故事，弘扬劳动最光荣、劳动最崇高、劳动最伟大、劳动最美丽的社会风尚。
>
> ——习近平在全国劳动模范和先进工作者表彰大会上的讲话（2020年11月24日）

分议题3：成功的创业者需要具备怎样的素质？

【议题情境】某大学的调查研究显示，创业企业失败率比较高，即使是获得风险投资支持的创业企业失败率也高达75%，有超过97%的创业企业达不到它们预期的目标。研究数据表明，我国创业企业的失败率为86.7%，企业平均寿命不足1.6年，而大学生创业失败率更是超过95%。面对如此高的创业失败率，创业者凭什么相信自己能够成功？已经走在创业路上的创业团队，该如何降低失败的风险？影响创业成功或失败的因素有很多，关键是创业者本身的能力素质。专家研究结果发现并强调，成功创业者在企业家精神和核心能力这两方面都有一些共同元素表现非常突出，正是这些核心元素决定了个人创业成功与否。

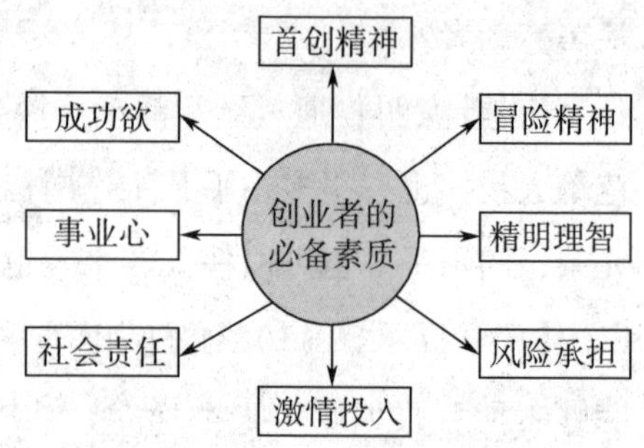

图 13-1　创业者的必备素质

【议学活动】（1）专家强调上述观点的理由是什么？选择其中的一两种观点，谈谈自己的认识。

（2）有人认为“爱国、创新、诚信、社会责任和国际视野”应作为新时代企业家精神的内涵，谈谈你的理解。

（3）辨析：有人认为经济实力强的企业才能承担社会责任，请评析这一观点。

（4）如果要提升自己的创业创新能力，你认为作为合格的创业者还应该具备哪些素质？

【设计意图】通过阅读材料和探究活动，明确创业的艰难，明确创业创新应具备的素质，并强调作为优秀的企业经营者，应当既要追求经济效益，又要勇于承担社会责任，树立和弘扬企业家精神。

【议学提示】（1）要激发和保护企业家精神，鼓励更多社会主体投身于创新创业。

（2）成功的创业者需要具备一系列素质。创业者从事经营活动，必须遵守法律法规，遵守社会公德、商业道德；必须诚实守信，接受政府和社会公众的监督，承担社会责任。只有积极承担社会责任的企业才是最有竞争力和生命力的企业。企业既要追求经营利润，又要坚持诚信原则；既要讲求经济效益，又要承担社会责任；既要实现自身发展，又要饮水思源、回报社会、造福人民。总之，企业要坚持经济效益和社会效益的统一。

引用习近平总书记的话升华：

> 企业家要带领企业战胜当前的困难，走向更辉煌的未来，就要在爱国、创新、诚信、社会责任和国际视野等方面不断提升自己，努力成为新时代构建新发展格局、建设现代化经济体系、推动高质量发展的生力军。
>
> ——习近平在企业家座谈会上的讲话（2020 年 7 月 21 日）

【课堂总结】劳动是幸福的源泉，劳动是社会发展的动力，劳动是人生价值实现的途径，因此劳动最光荣、劳动最崇高、劳动最伟大、劳动最美丽。大力弘扬劳模精神、劳动精神、工匠精神，自觉培养自己成为知识型、技术型、创新型劳动者，勤奋学习、努力钻研，练就一身真本领，掌握一手好技术，把个人梦和职业梦融入国家梦和民族梦，在报效祖国、服务人民的人生中展示新作为，用自己的双手开创成功之路和幸福生活。

八、课外活动

党的二十大报告指出：“青年强，则国家强。当代中国青年生逢其时，施展才干的舞台无比广阔，实现梦想的前景无比光明。”时代号角催人奋进，历史使命责无旁贷。作为新时代的青年学子，要坚定不移地听党话、跟党走，立志做有理想、敢担当、能吃苦、肯奋斗的新时代好青年，让青春在全面建设社会主义现代化国家的火热实践中绽放绚丽之花。请同学们调查农村或者城市优秀劳动者的故事，针对如何提升自己的创新创业能力拟定一份学习计划，写一篇主题为“承担劳动责任，践行青春誓言”的倡议书，做一期板报展览，并交流分享。

九、教学反思

本节课作为大中小学思政课一体化建设课题的实验课程设计，坚持落实立德树人的根本任务，采用了议题式教学模式，环环相扣，逻辑连贯，坚持理论联系实际原则，强化辨析，比较好地落实了价值引领、素养为重、能力为要、知识为基的评价目标，多次引用习近平的话语作为总结和升华，但在理论深度上尚需进一步提升。

第四部分　大学“思想道德与法治”

第二章《追求远大理想　坚定崇高信念》

第三节《在实现中国梦的实践中放飞青春梦想》

□齐鲁师范学院马克思主义学院　刘金玲

一、教材分析

本次课教学对应“培养劳动精神，创造幸福生活”的目标主题，贯彻习近平总书记“在学生中弘扬劳动精神”的要求，通过阐述劳动的内涵、劳动精神的生成逻辑、培育劳动精神的意义价值，引导新时代大学生确立正确的劳动观。

本次课讲授的主要内容为《思想道德与法治》（2023 年版）第二章《追求远大理想　坚定崇高信念》第三节《在实现中国梦的实践中放飞青春梦想》。本节共有三个大问题。第一，“科学把握理想与现实的辩证统一”，阐释了理想与现实的矛盾，实现理想的长期性、艰巨性和曲折性，艰苦奋斗是实现理想的重要条件；第二，“坚持个人理想与社会理想的有机结合”，阐述了个人理想与社会理想的关系，把个人理想融入社会理想，在为实现社会理想而奋斗的过程中实现个人理想，是大学生成长成才的必由之路；第三，“为实现中国梦注入青春能量”，阐述了新时代大学生肩负实现中华民族伟大复兴中国梦的历史重任，只有把实现理想的道路建立在脚踏实地的奋斗上，才能放飞青春梦想，实现人生理想。

二、学情分析

从知识背景看，学生在本章第一、第二节已学习并掌握了理想信念的基本理论，具备了相应知识基础。学生对概念性知识掌握较好，但对艰苦奋斗的重要性理解不够深入。

从思维特点看，学生对劳动和劳动的价值普遍具有直观的感受和理解，但对劳动精神的深刻内涵、对劳动精神的形成逻辑还缺乏系统深入的思考。

从情感态度看，教师在教学中不仅要注重把相关概念、基本原理阐述清楚，更要注重情感价值观的培养，引导学生树立科学的劳动观。

三、教学目标

1. 知识目标：理解劳动的内涵，把握培育劳动精神的意义。

2. 能力目标：深刻领会习近平总书记相关重要论述的精神实质，提高运用马克思主义劳动观分析解决现实困惑与问题的能力。

3. 情感、态度、价值观目标：确立正确的劳动观，做德智体美劳全面发展的社会主义建设者和接班人。

四、教学重点难点

1. 教学重点：理解劳动精神的内涵和生成逻辑，体悟培育劳动精神对新时代大学生的意义和价值。

2. 教学难点：大学生树立劳动精神的意义价值。

五、教学方法

本节课综合运用议题式、讲授式、互动式、讨论式等教学方法，深化对主题的认知和体验。

六、教学过程

1. 议题讨论

（1）议题

我们常说要德智体美劳全面发展，除“德智体美”外，为什么还要强调

“劳”？动手实践、出力流汗的劳动教育，对一个人的成长意味着什么？对此你怎么看？

（2）观点呈现

其一，何谓劳动？劳动的价值何在？

从哲学高度看，劳动是主体、客体和意义的内涵集成体。劳动是人类社会生存和发展的基础，主要指生产物质资料的过程，通常是指能够对外输出劳动量或劳动价值的人类运动，劳动是人维持自我生存和自我发展的唯一手段。

其二，为什么要尊重劳动？

劳动创造了世界，劳动创造了人类，劳动创造了财富。尊重劳动就是尊重人本身。强调尊重劳动应克服片面性，既重视创造性的复杂的智力劳动，又重视在平凡岗位上兢兢业业、默默奉献的劳动。

其三，为什么要在大学阶段强调重视劳动？

现实中，部分大学生中出现了不珍惜劳动成果、不想劳动、不会劳动的现象。实践证明，爱劳动、会劳动不仅不会耽误学习，反而能够促进学习，有助于人的全面协调发展。

2. 引思明理

以习近平同志为核心的党中央高度重视劳动教育。2018 年 9 月 10 日，习近平在全国教育工作会议上指出，“要在学生中弘扬劳动精神”。2020 年 3 月，中共中央、国务院联合印发了《关于全面加强新时代大中小学劳动教育的意见》，提出把劳动教育纳入人才培养全过程。党和国家在新的历史方位明确这一具有时代特质的人才培养理念，为新时代大学生成长成才指明了方向。党的二十大报告中，更是强调要“尊重劳动、尊重知识、尊重人才、尊重创造”，“在全社会弘扬劳动精神、奋斗精神、奉献精神、创造精神、勤俭节约精神，培育时代新风新貌”。

（1）劳动精神的内涵

劳动精神指的是广大劳动人民在劳动过程中秉持的劳动观念、价值理念以及展现出来的劳动态度、精神风貌。劳动精神是民族精神和时代精神的生动体现，是国家繁荣、民族强盛、人民幸福的强大精神动力，具有深厚的历史积淀和丰富的思想内涵，表现为崇尚劳动、热爱劳动、辛勤劳动和诚实劳动。

（2）新时代劳动精神的形成逻辑

一是文化逻辑：对中华优秀传统劳动文化的继承。

中华民族是热爱劳动的民族，在几千年悠久的历史文明中彰显了辛勤劳动、尊重劳动的优秀美德。“不惰者，众善之师也。”劳动人民相信辛勤劳动、躬身力行才能获得幸福。同时，尊重劳动也是中华民族的优秀品质，从古至今，人们把崇尚劳动、尊重劳动作为修身、齐家、治国的重要品德。

二是理论逻辑：对马克思主义劳动观的传承和发展。

马克思和恩格斯从唯物史观角度系统阐述了劳动的本质、劳动的价值，并从经济学角度批判了资本主义异化劳动，赋予劳动者崇高的地位，建立了科学的劳动理论体系——劳动是整个人类社会生活的基本条件，劳动创造了人也创造了人类社会，劳动价值论赋予了劳动高尚的地位。“‘劳动的绝对自由’是劳动居民幸福的最好条件。”“劳动是幸福的源泉。”

三是历史逻辑：中国共产党百年来弘扬劳动精神的历史积淀。

一百多年来，中国共产党人牢牢把握马克思主义劳动理念的精髓，充分肯定劳动的价值，激发劳动者的积极性，形成“以人民为中心”、尊重劳动、弘扬劳动精神的思想理念，丰富了“劳动创造价值”的精神内涵，为新时代劳动精神明确了价值导向、积淀了思想基础。

四是实践逻辑：改革开放以来中国特色社会主义伟大实践的时代结晶。

中国特色社会主义制度为新时代弘扬劳动精神提供了制度保障，中国特色社会主义伟大实践为新时代提升劳动精神提供了现实土壤。改革开放 40 多年来，中国人民积淀了宝贵的劳动经验，为实现中华民族伟大复兴的中国梦提供了思想动力，见证了社会发展，展现了中国精神，凝聚了中国力量。

（3）大学生劳动教育培育的意义

大学阶段是坚定理想信念、学习知识、掌握技能、强健体魄、提升素质的关键时期，新时代大学生面临就业择业、创造价值、实现自我等一系列重要任务，而劳动素养的高低、劳动习惯的好坏，左右着大学生对人生道路、职业追求的选择，影响着人生价值的实现。

一要坚定理想信念，为追逐梦想指明前进方向。培育劳动精神有利于大学生从深层次夯实理想信念的基础，避免走向“躺平”“佛系青年”“一切随缘”“伪奋斗”。

二要确立价值取向，为人生抉择提供正确指引。培育劳动教育有助于大学生形成正确的世界观、人生观、价值观，抵制拜金主义、享乐主义、个人主义的侵蚀。

三要提高责任意识，为担当使命提供不竭动力。青年大学生的责任担当不应是坐而论道、空品清谈。实践出真知，在劳动体验的过程中，可以体悟成功源于劳动，形成尊重劳动、热爱劳动的真挚情感，用诚实劳动、辛苦劳动、创造性劳动书写青春。

四要传承劳动品质，为幸福人生奠定坚实基础。大学生通过劳动可以锻炼主动克服困难、自觉承受压力、逐步磨炼意志的能力，形成自力更生、坚韧不拔、有始有终的意志品格，确立顽强拼搏、积极乐观的优秀品质，为开启幸福人生奠定基础。

五要提升就业能力，为成功道路增加宝贵筹码。劳动有助于正确就业择业观念的确立，且青年大学生可以获得就业创业所需要的生产生活劳动技能、职业意识和实践动手能力，为成就出彩人生增加宝贵经验。

六要淬炼心智体质，为健康生活提供有力保障。劳动有助于促进青年大学生身心健康，可以强健体魄、释放压力、促进交流，推动和谐人际关系的构建。

3. 内容拓展：“三个精神”的逻辑关系

党的十八大以来，劳模精神、劳动精神、工匠精神多次出现在习近平总书记的相关重要讲话中。2020 年 11 月 24 日，习近平总书记在全国劳动模范和先进工作者表彰大会上发表重要讲话，第一次全面深入系统地阐述了劳模精神、劳动精神、工匠精神的科学内涵。

（1）“三个精神”的界定

劳模精神与劳动精神：部分与整体。

劳模精神与工匠精神：外力与内力。

劳动精神与工匠精神：共性与个性。

(2)“三个精神”的逻辑关系——递进的视角

按照马克思主义的基本观点，劳动创造了人本身。劳动精神是成为人的精神，工匠精神是成为更加优秀的人的精神，劳模精神则是成为影响别人的人的精神。成为人、成为更加优秀的人、成为影响别人的人，就是一种逐步递进的关系。

4. 总结深化

最后，课堂小结再一次回到总议题：除“德智体美”外，为什么还要强调“劳”？动手实践、出力流汗的劳动教育，对一个人的成长意味着什么？

由学生来结合本节所学知识阐述自己的理解，谈谈自己准备怎么做。引导学生认识到“纸上得来终觉浅，绝知此事要躬行”，对劳动精神的培养要回归到积极投身劳动实践的逻辑起点，唯有“知行合一”，方能“行稳致远”。

七、课外活动

课外活动主题：参与劳动实践。主要包括：一是校园志愿服务，二是校外劳动实践，三是制订个人劳动计划。

八、教学反思

本主题教学活动的设计遵循“以学生为中心，贯彻问题意识，坚持立德树人，注重价值引领”的教学思想。在教材原框架基础上，以“议题式”小专题设计为切口，将劳动教育内容有机融入教学过程，进行了“来源于教材但不等同于教材”的教学内容重构。通过前期教学执行具体实践，学生学习效果较好，回收调研反馈结果显示：“收获较大，对劳动的价值、对劳动精神有了新的理解。”

本教学设计的主要缺憾在于案例的选取和打磨。在后期的教学执行中，需继续结合典型案例来支撑课堂讲授，提升亲和力、感染力。

主题十四

学法守法用法　建设法治中国

第一部分 小学“道德与法治”

六年级上册第四单元《法律保护我们健康成长》
第八课《我们受特殊保护》
第一课时《我们是未成年人》

□济南市燕柳小学 郑斌

一、课标要求

《义务教育道德与法治课程标准》（2022 年版）第四部分“课程内容”第三学段学习主题“法治教育”要求“了解未成年人的权利，增强自我保护意识，学会自我保护”。

二、教材分析

《我们是未成年人》是《道德与法治》（部编版）六年级下册第四单元《法律保护我们健康成长》的第八课《我们受特殊保护》第一课时的教学内容。教材以学生现有的知识和经验为基础，设计了案例分析、了解两部专门法、辨别正误、分组学习讨论、提建议等活动，还安排了“知识窗”和“阅读角”。通过这些环节，学生能够学习关于未成年人的法律知识，认识到社会对未成年人的特殊保护。

本课时主要是引导学生从个人和国家两个角度认识未成年人受法律保护的必要性和重要性。本课时学习内容既与前一项目内容相承接，又为学好下一项目内容奠定了理论基础，很好地突出了本单元的主题。

三、学情分析

六年级的学生，虽然心理、生理都不够成熟，社会经验不足，自我保护的意识和能力有限，但已经具备一定的规则意识，其心智已有很大发展，对很多问题有自己的看法，对家庭事务也有参与的愿望和初步能力。大多数学生勇于尝试从家庭、社会、学校这类首属群体和个人性较强的生活空间走进公共生活空间，开始对公共生活感兴趣，并有一定的参与意识，但对自己的权利和义务并不明晰，因此有必要对其进行未成年人相关法律知识教育，使其了解自身的权利和义务。

四、教学目标

1. 让学生明确自己是未成年人，体会和总结未成年人的特殊性。

2. 初步了解关于未成年人的法律知识，了解不同年龄段在法律上具有不同的意义。明确达到一定的年龄可以享有相应的权利，也应当承担相应的义务或责任。

3. 形成责任意识，能够在家庭、学校和社会中尽到自己的义务。

五、教学重点难点

1. 教学重点:认知自我,了解未成年人的特殊之处;初步了解关于未成年人的法律知识,了解不同年龄段在法律上具有不同的意义。

2. 教学难点:形成责任意识,能够尽到自己的义务。

六、教学方法

教学方法有小组合作法、探究讨论法、案例分析法、调查分析法。

七、教学过程

环节一 交流分享，导入新课

1. 播放视频，导入新课

（1）播放《小小少年》歌曲，随音乐展示歌词："少年是祖国的春天，明天将肩负起建设祖国的重担。"

（2）小结：正是因为我们是祖国的春天，党和国家才给予我们特殊的关爱，法律给予我们特殊的保护。

2. 了解未成年人的年龄界限

（1）了解未成年人年龄界限（《中华人民共和国未成年人保护法》明确规定，在我国凡未满18周岁的公民即未成年人）。

（2）揭示课题：我们是未成年人。

（3）展示2020年全国人口普查数据，引导学生了解未成年人在我国是个庞大的群体，因此国家给予未成年人特殊的保护。

3. 了解各国法定成年年龄

各国法定成年年龄不同，到底有哪些不同之处？

（1）展示知识窗，了解不同国家的法定成年年龄。

不同国家的法定成年年龄

世界各国对成年年龄的规定是不同的，未满成年年龄的就属于未成年人。例如，美国的成年年龄是16周岁，英国、德国和法国的成年年龄是18周岁，日本、瑞士的成年年龄是20周岁，奥地利和意大利的成年年龄则是21周岁。

（2）学生补充介绍收集到的各国对成年年龄的规定。

【设计意图】通过年龄底线的设定，使学生明白"我们"是未成年人，从而为下面的教学作好铺垫。

环节二 活动调查，了解未成年人特点

1. 展示调查，交流自己眼中的未成年人

（1）展示课前调查表，小组交流自己眼中未成人的特点。

表 14-1 未成年与成年人的对比

年龄段	知识掌握 （仅识字量平均数）	身体素质 （仅身高、体重平均数）	生活中的体现 （做事方法的小事例）
6 岁之前			
6—7 岁			
8—12 岁			
14—16 岁			
18 岁			
成年人			
结论： （　　　　　　）年龄段的未成年人与成年人相比，在________有明显不同。 （　　　　　　）年龄段的未成年人与成年人相比，在________有明显不同。 （　　　　　　）年龄段的未成年人与成年人相比，在________有明显不同。			

（2）小结：通过调查，引导学生发现，与成年人相比，未成年人知识量少、力气也小，且好奇心强、好动、爱冒险、爱模仿，有易敏感、易冲动的特点。

2. 连线采访，了解家长眼中的未成年人

（1）播放课前采访的家长视频、音频资料。

（2）思考：出现家长所说情况的原因是什么？

（3）小结：相对于成年人，未成年人对生活充满了好奇。但是未成年人往往因为缺乏生活经验，无法意识到事情的危险性，应变能力较差。未成年人还有做事不讲后果、以自我为中心、容易受到周围环境的影响、盲目听从别人说法的特点。正是因为未成年人的特殊性，我国宪法第四十九条中规定：“儿童受国家的保护。”

【设计意图】通过课前调查、采访家长等方式，引导学生自我调查、自我评价、自我总结，未成年人的特殊之处，帮助学生明白正是由于这些特殊性，国家给予了未成年人更多的特殊保护。

环节三 合作学习，探究重要的年龄节点及法规

1. 自主学习，了解重要的年龄节点

（1）展示知识窗，小组合作学习。

（2）思考并交流：哪些法律法规与我们的生活息息相关？对我们未成年人成长来说，哪些年龄、哪些事情特别重要？为什么在这个年龄节点有这样的法律规定？

（3）小结：正是因为不同年龄的儿童在身心发展上不同，我国很多法律规定都涉及具体的年龄节点。不同的年龄阶段在法律上具有不同的意义，有些法律规定达到一定的年龄才享有相应的权利、承担相应的责任和义务。

2. 案例分析，活学活用相关法规

案例一：春节刚刚过完，小学四年级学生李铭，在走亲访友的过程中收到了不少压岁钱。他最近沉迷于网络游戏，经常背着父母去平台充钱，已达数千元。在家长发现以后，李铭说压岁钱是他的，他可以随意支配。

【案例判断】这是不对的。

【法律依据】《中华人民共和国民法典》规定，8 周岁以上的未成年人属于限制民事行为能力人，可以独立实施纯获利益的民事法律行为或与其年龄、智力相适应的民事法律行为。

【结论】李铭今年上小学四年级，年龄为 9—10 周岁。依据以上法律规定，虽然领取的压岁钱是李铭所有，但是他所拥有的支配权是有条件、有限制的。他想要支配，也只能实施纯获利益的民事法律行为或与其年龄、智力相适应的民事法律行为，比如买课本、铅笔是可以的，但买大件商品、为网络游戏充值这些行为，在没有经过家长同意的情况下，都是不可行的。另外，沉迷游戏会给未成年人的身心带来伤害。

案例二：早上起来，眼看就要迟到了，妈妈让 10 岁的铃铃骑自行车去学

校。你觉得铃铃应不应该听妈妈的话？

【案例判断】这是不对的。

【法律依据】《中华人民共和国道路交通安全法实施条例》第七十二条规定，在道路上驾驶自行车，必须年满12周岁。

【问题分析】为什么必须年满12周岁才准许在道路上驾驶自行车？

【校外辅导员解疑】连线交警，给予指导。

【结论】法律不仅约束了我们的行为，更保护了我们的安全。

案例三：初中生王星有时放学后约上几个同伴敲诈路上的小学生。他说："反正我是未成年人，法律不会制裁我。"

【案例判断】法律真的不会制裁他吗？当然不是。

【法律依据】《中华人民共和国刑法》第十七条规定："已满十四周岁不满十六周岁的人，犯故意杀人、故意伤害致人重伤或者死亡、强奸、抢劫、贩卖毒品、放火、爆炸、投放危险物质罪的，应当负刑事责任。已满十二周岁不满十四周岁的人，犯故意杀人、故意伤害罪，致人死亡或者以特别残忍手段致人重伤造成严重残疾，情节恶劣，经最高人民检察院核准追诉的，应当负刑事责任。"

【校外辅导员解疑】播放法院法官的普法视频。

【结论】未成年人的犯罪动机明显具有突发性，多为激情犯罪。对于未成年人的犯罪，我国法律坚持"宽容，却不纵容"的原则。大家一定要做知法守法的好少年。

【设计意图】本环节以自学知识窗入手，随后借助三个重要的年龄节点及较典型的案例讨论交流，引导学生进一步了解未成年人的特殊性，理解未成年人的特殊性与各个重要年龄节点法律意义的逻辑关系。让学生辨析生活中常见的现象，也是在生活中运用法律的实践。整个环节落实了学生懂法、知法、守法，明确法律规定达到一定年龄享有相应权利、承担相应义务的教学目标。

3. 链接生活，学会承担相应义务

未成年人是否因为年纪小就什么都不用做了？

（1）调查：在日常生活中是否参与家务劳动。

表 14-2 家务劳动情况大调查

内容	人数
平时经常帮助家人做家务活（每天能坚持 30 分钟）	
偶尔会做家务	
从来都没有做过家务活	

（2）采访交流：偶尔做家务的同学，你是怎样想的呢？

（3）展示课本中“活动园”王阿姨的话，交流想法。

（4）思考：在学校、社区生活中，我们还应该承担哪些义务？

【设计意图】以现场调查为切入点，链接学生生活，借助“活动园”的内容，促使学生认识权利和义务是不可分割的，作为家庭成员，应该尽到责任，做一些力所能及的家务劳动。同时作为学生，在校园生活中也应尽到自己的义务；作为社会公民，在文明典范城市创建、敬老孝老、社区服务等方面也应该尽到应尽的义务。

环节四 升华情感，总结收获

1. 展示视频——从出生到成年，感受作为未成年人的这段美妙的时光。
2. 展示多部法律法规的图片，拓展延伸为专项法律法规学习作铺垫。

除了刚才我们说很多法律法规都规定了具体的年龄节点，为未成年人的健康成长提供法律保障，我国还制定了专门的法律。这些法律是如何保护我们未成年人的呢？让我们下节课继续学习。

八、板书设计

我们受特殊保护

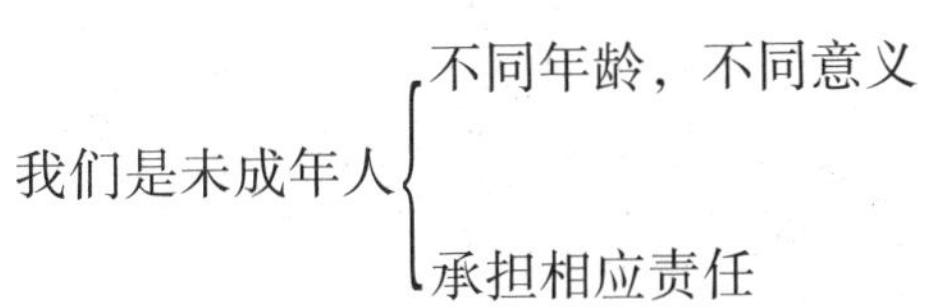

九、课后反思

六年级上册“道德与法治”是小学阶段《道德与法治》的法律专册，涉及很多概念及法律方面知识，教学内容较难把握，学生理解教学中的重点、难点较为困难，同时教学实施也较难做到精准施教。因此，本课在教学设计时着重从以下两方面进行了尝试，力求突破教学中的困境。

1. 研读教材，遵循教材逻辑，落实教学重点。认真分析本课的教学内容后可以发现，教材呈现的逻辑为：讨论未成年人还有哪些特殊之处——认识自我——理解法律对未成年人给予特殊保护的意义。因此，本课的教学设计以此为线索，并将“分析未成年人的特殊之处，帮助学生认识自我，理解法律对未成年人予以特别保护的重要意义”“让学生了解成年之前各年龄节点的法律意义，教育学生依法行为，树立规则意识”作为教学重点。

2. 研读学生，活用探究性学习，突破教学难点。本节课的设计坚持以学生为主体，教学过程中结合授课对象的实际情况，对教材进行有效的重组、拓展，通过探究性学习来突破教学难点。在突破“帮助学生认识自我，了解未成年人的特殊之处”这一教学难点时，重点采用调查式探究学习法，借助课前调查问卷的形式将学习内容与学生日常生活进行链接，引导学生通过“自己眼中的未成年人”“家人眼中的未成年人”等环节进行自主探究学习。在各小组同学探讨过程中，学生对未成年人有了更加深层次的理解。在落实教学难点的同时调动了学生积极性，培养学生思考的能力。

本课应进一步思考和改进的是，在主题式案例学习部分适当设置与之相应的活动情境，如演一演、辨一辨等，让更多的学生发表自己的独立见解，提高学生学习的积极性。

第二部分 初中“道德与法治”

八年级下册第二单元《理解权利义务》

第三课《公民权利》

第二框《依法行使权利》

□青岛市崂山区第三中学 王爱娣

一、课标要求

《义务教育道德与法治课程标准》(2022 年版)第三部分“课程目标”中核心素养之“法治观念”第四学段要求“了解以民法典为代表的、与日常生活相关的法律,理解法律是实现和维护公平正义的基本途径”“认识违法行为及其法律责任,理解犯罪的特征及后果,主动预防未成年人犯罪”,同时落实课程内容有关“懂得公民的基本权利和义务,正确行使公民权利,自觉履行公民义务”“认识民法典对于人身权、财产权的意义”“认识犯罪的基本概念,了解刑罚的主要类型;培育和提高未成年人自我保护的意识和能力”“辨别媒体中的不良信息,了解网络环境中如何保护未成年人隐私等合法权益”的要求。

二、教材分析

《依法行使权利》是《道德与法治》(部编版)八年级下册第三单元《理解权利义务》第三课《公民权利》的第二框的教学内容,内容包括《行使权利有界限》和《维护权利守程序》两目内容。本课意在探究权利的界限,强调公民权利是有界限的,权利既受法律保障,又受法律约束,必须依法行使权利；如果权利受到侵害，要懂得依法维护权利。

三、学情分析

初中阶段是学生由儿童转为青少年的阶段，也称为人的初始社会化阶段，在这一阶段，学生不仅需要知晓法律规定的公民权利和义务，知道怎样保护自己的权利，而且要尊重他人的权利，按照权利义务关系的规则来规范自己的行为。当前一些青少年法治意识淡薄，维护自身合法权益的意识与能力不强。本课内容旨在引导学生养成和增强权利意识，依法行使权利，逐步树立法治理念，依法参与社会生活，成长为具有社会责任感的公民。

四、教学目标

1. 通过新闻播报和分析仇某某事件，学会辨别媒体中的不良信息，依法行使权利，增强自我保护意识。

2. 通过现场查阅宪法和走进生活的活动，明确行使权利要守界限，树立宪法至上理念。

3. 通过国庆依法游行和科技创新提交专利申请等，理解行使权利要守程序，学会在生活中维护自身民事权利和尊重他人民事权利。

4. 通过消费者维权方式对比，明确维护权利要守程序。

5. 通过合作探究，理解公民维护合法权益的途径与方式，学会正确行使公民权利。

五、教学重点难点

1. 教学重点：行使权利有界限。

2. 教学难点：维护权利守程序。

六、教学方法

教学方法主要有情境导学法、活动探究法、主题穿线法、案例教学法。本教学设计借助多媒体手段，通过创设情境、主题穿线、合作探究、启发诱导、分析讨论、归纳总结等方法使学生在民主平等、互助合作的氛围中探究。

七、教学过程

环节一 导入新课

【学生进行新闻播报】仇某某在微博诋毁戍边烈士。

2021年2月19日，仇某某在新浪微博上用个人注册的账号“蜡笔小球”先后发布两条信息贬低、嘲讽为国戍边的英雄烈士，造成了恶劣的社会影响。2月20日，仇某某被刑事拘留，南京市建邺区人民检察院依法介入侦查，2月25日公安机关以涉嫌寻衅滋事罪提请检察机关批准逮捕。

【学生感言】公民有发表言论的自由，但言论自由不是随心所欲的，发表言论不能任性。仇某某的行为是违法行为，要承担相应的法律责任。

【教师】网络无限，自由有界。自由不是随心所欲的，它受到道德、纪律、法律等社会规则的约束。公民权利为公民追求有尊严的生活、实现人生幸福提供保障。但公民权利应怎样正确行使？当我们的合法权益受到侵害时，应怎样维护自身合法权益？今天我们来学习第三课的第二框内容：依法行使权利。（展示课题）

【设计意图】结合最新时政新闻，引发学生对公民权利被侵犯后如何依法行使权利的关注，顺势导入新课。

环节二 学习新课

板块一：行使权利有界限

1. 新闻分析：

【提出问题】（1）公民在自己微博上公开发布对某件事情的看法，是在行使什么权利？

（2）仇某某因在微博上公开发布贬低、嘲讽戍边烈士的言论而被逮捕，这是为什么？

（3）政治自由和权利中的言论自由和权利，二者矛盾吗？

【小结】（1）我国宪法第三十五条规定："中华人民共和国公民有言论、出版、集会、结社、游行、示威的自由。"（2）原因：仇某某损害了烈士的名誉权、荣誉权，损害了烈士的人格尊严，损害了社会公共利益。（3）言论自由不等于自由言论，二者并不矛盾。

【设计意图】结合学生的课前新闻播报，对上节课所学公民权利有关知识进行回顾，并为本节课《依法行使权利》的展开作出铺垫。

2. 我国刑法对公民的言论自由也有一些规定，请学生读一读下面的材料。

《中华人民共和国刑法》第二百九十一条之一第二款规定："编造虚假的险情、疫情、灾情、警情，在信息网络或者其他媒体上传播，或者明知是上述虚假信息，故意在信息网络或者其他媒体上传播，严重扰乱社会秩序的，处三年以下有期徒刑、拘役或者管制；造成严重后果的，处三年以上七年以下有期徒刑。"

【小结】不仅是言论自由，任何权利都是有范围的。公民行使权利不能超越它本身的界限，不能滥用权利。

3. 查阅宪法

（1）查阅宪法第二章，找出我国宪法中对公民基本权利的行使作出的限制性规定。

表 14-3　我国宪法中对公民基本权利行使作出的限制性规定

公民权利	限制性规定

【讨论交流】学生交流，教师总结行使权利的界限。

（2）阅读我国宪法第五十一条，了解宪法对公民行使权利作出的规定。

【设计意图】通过查阅我国宪法，明确行使权利要遵守的界限，由模糊的生活经验上升到规范的法律认识。

4. 走进生活

【展示图片】展示一些超越权利范围、滥用权利行为的图片。

（1）学生交流：生活中这些超越权利范围、滥用权利行为有什么危害？

（2）思考：我们在行使权利时应注意些什么？

【设计意图】通过本活动引发学生对边界的思考与认识。

5. 行使权利守程序

（1）国庆70周年群众游行演绎新中国时代画卷。

问题1：公民可否自发进行游行以示庆祝？

《中华人民共和国集会游行示威法》规定：“举行集会、游行、示威，必须依照本法规定向主管机关提出申请并获得许可”；“集会、游行、示威应当按照许可的目的、方式、标语、口号、起止时间、地点、路线及其他事项进行”。

问题2：公民可否不经申请和获得许可上街游行庆祝？这种行为会造成怎样的影响？

【学生思考回答】略。

【小结】公民行使权利应依照法定程序，按照规定的活动方式、步骤和过程进行。教师进一步总结其意义和要求。

（2）举例：本校师生进行科技创新研究，提交专利申请获得通过。

6. 怎样依法行使权利

【讨论交流】学生交流，教师小结。

【设计意图】梳理行使权利有界限，形成理性认识。

7. 维护权利守程序

（1）请结合生活经验和所学知识，点评下列维权方法。

情景一：张先生网络购物收到物品后，发现实物与网上图片差别很大，要求退货却遭到商家拒绝。他就申请了多个账号给商家刷差评。

情景二：王女士参加某公司网上促销，买了一套按摩垫，却一直没有收到货。她与该公司协商未果，遂向消费者协会投诉。消费者协会调查发现该公司存在虚假宣传和欺诈行为。后经调解，该公司向王女士返还了货款，并给予赔偿。

学生结合事例进行点评，教师进一步追问：王女士的维权方式主要有哪几种？我们在日常消费时，应注意什么？

【小结】学生发言，教师引导、小结，并鼓励学生持续关注每年央视的“3·15晚会”，学会做一个明明白白的消费者，学会依照法定程序维护自己的合法权益。

【设计意图】通过两则案例的对比，结合生活经验和所学知识，评价并学习王女士的维权办法，帮助学生知道要依法维权，维护权利要遵守程序，明确遵守正当程序的意义及方式。

（2）检查预习：公民维护合法权益的方式有和解、调解、仲裁和诉讼等。

（3）合作探究：

某中学七年级学生王某，在课间活动跑步时，不小心把李某撞倒在地，造成李某右肘关节肿痛。事发后，学校及时与其家长联系，同时把李某送到附近医院，经检查是右手肘关节处轻微骨裂。王某的家长愿意赔偿，但双方家长就赔偿事宜没能达成一致。李某家长认为事故发生在学校，学校也应承担赔偿责任。

【提出问题】学生王某和李某的纠纷可以通过哪些方式解决？你认为哪些解决方式较为合适，哪些不合适？为什么？

【小组活动】4—6人小组合作交流，回答上述问题。

推选代表1：向大家介绍你们所选择的这种解决纠纷的方式（含义、参与方、依据、适用范围等）。推选代表2：结合案例说明怎么做，为什么选择这种方式来解决纠纷。

【讨论交流】学生集体交流，教师点拨、引导、拓展，加深对四种主要维权方式的认识。

【生成拓展】和解：列举自己或周围人通过和解方式解决纠纷的事例。重点强调有关交通纠纷只能是双方无争议的小剐蹭，现实生活中大量使用和解方式，双方自愿、互谅。

调解：学生分不清人民调解、行政调解和司法调解这三种调解方式的区别，通过一个提前录好的微课进行讲解，重点强调人民调解的优势，明确它们的区别在于调解组织的不同，明确调解的适用范围和依据。

仲裁：这种方式学生几乎没有了解，可以通过一位仲裁工作者的视频讲解仲裁的适用范围和特点，帮助学生认识仲裁。

诉讼：八年级上册已经学过诉讼的一些知识，此处重点讲一下刑事自诉，结合课前新闻播报提出刑事公诉的主体。

【教师小结】教师汇总四种主要维权方式，让学生在对比中加深认识。

8. 教师引导学生梳理总结公民依法维权的四种主要方式，明确公民应树立按照法定程序办事的意识，通过正确的途径和方式维护自身权益，同时，构建和谐社会，节约司法成本。

【教师讲解】灵活运用维权方式。

【设计意图】通过本活动使学生能够区分四种主要维权方式，并能根据纠纷性质、当事人诉求的不同选择合适的维权方式。

（1）小试牛刀：下列对消费者的维权方式判断不正确的是（　　）

A. 张某网购的一双运动鞋存在质量问题，他与网店联系后退了货。维权方式：与商家协商和解。

B. 王某在超市发现假货，打电话 12315 进行举报。维权方式：向行政部门投诉。

C. 程某从商场购买的冰箱在保修期内出现故障，她向消费者协会投诉。维权方式：提请仲裁机构仲裁。

D. 刘某因购买的商品房延期交付，将开发商告上法庭，要求其支付违约金。维权方式：向人民法院起诉。

解析：本题主要考查公民依法维权的方式。维权有和解、调解、仲裁、诉讼四种形式。题目中选项 C 的维权方式有误，消费者协会不属于仲裁机构。根据《中华人民共和国消费者权益保护法》第三十九条的规定，消费者和经营者发生权益争议的，可以通过下列途径解决：①与经营者协商和解；②请求消费者协会或者依法成立的其他调解组织调解；③向有关行政部门投诉；④根据与经营者达成的仲裁协议提请仲裁机构仲裁；⑤向人民法院提起诉讼。

（2）拓展延伸：你还知道其他的维权方式吗？

【教师讲解】向学生介绍：求助热线、信访、从单位和社会团体获得帮助等（学生们在八年级上册学过一些）。

环节三 收获平台

结合知识体系和课本内容梳理课堂收获，从认识和行动两个方面进行交流。学生交流，教师对照板书小结。

环节四 总结升华

党的二十大报告指出，加快建设法治社会，弘扬社会主义法治精神，传承中华优秀传统法律文化，引导全体人民做社会主义法治的忠实崇尚者、自觉遵守者、坚定捍卫者，努力使尊法学法守法用法在全社会蔚然成风。

【设计意图】联系社会主义核心价值观、依法治国知识点升华本节课内容。

八、课外活动

观看庭审纪实视频或者学校拍摄的模拟法庭视频，感受法律，交流感悟。

九、教学反思

1. 基于学情，聚焦学生核心素养，遵循生活化和“三贴近”原则选取案例，坚持正向引导。本教学设计选取了在网络上诋毁英雄烈士之人被依法批捕、消费者权益受侵害时维权、同龄人在学校受到意外伤害等案例，学生参与度高，有话可说，教育效果明显。

2. 教学方法主要采用了主题穿线教学、案例教学和合作探究的教学方法。教师通过回顾八年级上册和上一节课的有关知识，潜移默化地在复习旧知识的过程中引出新知识。同时采用相关联的几个案例，讲明白了行使权利有界限，又通过一则同龄人的纠纷事例穿线，引导学生们小组合作，在师生的交流中，不断解决学生学习的盲点。

3. 重视学生多项能力的培养。搜集新闻、查阅宪法，锻炼学生收集、处理信息的能力；维权方式的选择，锻炼学生自学、合作、表达等多项能力；基于情境的设问以及对比分析，锻炼学生的思维能力。

4. 积极创设民主、平等、和谐的课堂氛围，课堂上师生互动、生生互动，激发学生思考。新闻播报、查阅宪法、走进生活、小组合作探究等活动，学生参与度高，充分发挥了其主体作用。

总之，即使是枯燥的法律知识，我们也可以引导学生“接地气”地学。

第三部分　普通高中“思想政治”

必修3《政治与法治》

第八课《法治中国建设》

第一框《法治国家》

□ 济宁市邹城第二中学　李秋兰

一、课标要求

《普通高中思想政治课程标准》（2017 年版，2020 年修订）第四部分“课程内容”必修课程“模块 3：政治与法治”内容要求“3.4 列举事例，阐明建设法治国家、法治政府、法治社会的意义”。

二、教材分析

本框题共有两目的内容：第一目《法治国家的内涵》，通过“探究与分享”“相关链接”等内容，阐明法治国家的含义和具体表现。第二目《建设法治国家》，通过“探究与分享”“相关链接”“名词点击”等内容，阐述建设法治国家的要求和措施。两目分别从“是什么”和“怎么办”两个角度阐释什么是法治国家、如何建设法治国家。

三、学情分析

从认知结构来看，经过前面章节对治国理政基本方式的学习，学生已经了解了我国法治建设的历程，掌握了全面依法治国的总目标与原则，对全面依法治国有了初步认识，但对其内涵、意义和措施缺乏全面、深刻的认识。

从思维特点来看，高二学生的抽象思维和批判意识增强，能结合事例对依法治国进行分析，但其分析并不全面、客观，分析的深度不够，需要教师加以正确引导。

从情感特点来看，高二学生情绪、情感趋向成熟，能较好地进行自我教育，社会责任感不断增强，但也存在波动性和矛盾性，需要教师适时指点迷津。

四、教学目标

1. 结合法治建设成果理解法治国家的内涵和意义，帮助学生认识法律在国家治理中发挥的重要作用，明确建设法治国家必须将国家的各项工作纳入法治轨道，增强自觉维护宪法和法律权威、建设法治国家的信心。

2. 通过辨析良法的作用，明确建设法治中国是一个系统工程，既要党和国家的统筹和谋划，坚持依法治国、依法执政、依法行政共同推进，又要做到科学立法、严格执法、公正司法、全民守法，引导学生体会我国法治建设的渐进性和科学性。

3. 通过合作探究和实践活动，教导学生自觉遵守法律，依法行使权利、履行义务，为落实良法善治、建设法治国家贡献自己的力量。

五、教学重点难点

1. 教学重点：建设法治国家的意义。

2. 教学难点：如何建设法治国家。

六、教学方法

教学方法有议题式教学法、辨析式教学法、探究式教学法、讲授法等。

七、教学过程

【议题】建设法治中国，实现良法善治。

【情境导入】党的二十大上习近平总书记关于依法治国的讲话视频。

【视频简介】习近平总书记首先在报告中指出了全面依法治国的重大意

义："全面依法治国是国家治理的一场深刻革命，关系党执政兴国，关系人民幸福安康，关系党和国家长治久安。"他强调，"我们要坚持走中国特色社会主义法治道路，建设中国特色社会主义法治体系、建设社会主义法治国家"。

党的二十大报告中明确了全面依法治国的工作布局是"坚持依法治国、依法执政、依法行政共同推进，坚持法治国家、法治政府、法治社会一体建设，全面推进科学立法、严格执法、公正司法、全民守法"。报告中还具体部署了四个方面的工作：完善以宪法为核心的中国特色社会主义法律体系、扎实推进依法行政、严格公正司法、加快建设法治社会。

【设计意图】观看习近平总书记在党的二十大上关于依法治国的讲话视频，让学生初步了解依法治国的背景及内涵，引出本课总议题"建设法治中国，实现良法善治——从《民法典》看法治中国建设"。

环节一　法治国家，我点赞

分议题1：何以法治国家？

【议学任务】结合视频材料合作探究建设法治国家的意义。

【议学情境】播放《中华人民共和国民法典》（简称《民法典》）相关视频。

【视频简介】作为新中国第一部以法典命名的法律，这一民商事领域的基础性、综合性法律和我们每个人都息息相关，不论是工作、结婚、生育、继承等人生大事，还是物业服务、饲养动物等生活日常。民有所呼，法有所应。翻开这部《民法典》，处处可见对个体自由、尊严、权利的保护，对时代变化的回应，对中华民族精神内涵和价值追求的彰显。《民法典》规定，自然人的民事权利能力一律平等。即便是胎儿，也享有遗产继承、接受赠与等权利。法律保护每个自然人的人格权，也保护包括电子邮箱和行踪信息在内的个人信息。私人物权和国家、集体物权受法律平等保护，数据、网络虚拟财产同样受到法律保护。我国在编纂《民法典》的过程中，研究并回应经济发展与环境保护的关系，用法治手段应对高风险带来的侵权威胁等问题。

【议学任务】结合视频，分析编纂《民法典》对完善我国国家治理的作用。

【议学活动】学生分组讨论，合作探究并分组展示，其他小组可质疑、补充。教师适当点拨、引导。

【设计意图】《民法典》在中国特色社会主义法律体系中具有重要地位，是一部体现我国社会主义性质、符合人民利益和愿望、顺应时代发展要求的民法典，是一部体现对生命健康、财产安全、交易便利、生活幸福、人格尊严等各方面权利平等保护的民法典。通过合作探究编纂《民法典》对国家治理的作用，让学生深刻理解当前加强法治国家建设的重要意义。

【议学提示】引导学生结合《民法典》的内容及其时代性，从国家权力运行、公民利益保障和国家治理现代化角度进行全面思考。编纂《民法典》促进了我国法制的完善，是推进国家治理体系和治理能力现代化的保障。《民法典》的编纂，有利于提高全体社会成员的权利观念、法治意识和道德共识，尊重和保障公民的合法权益。保护私权也有利于规范公权。通过《民法典》对个人进行赋权，在一定程度上也有利于规范公权；同时，有利于协调社会关系，化解社会矛盾；有利于促进经济发展、社会和谐稳定与国家长治久安。

环节二 法治国家，我理解

分议题 2：何谓法治国家？

【议学任务】商议、理解法治国家的内涵和具体表现。

【议学情境】《民法典》面面观。

情境一：习近平总书记指出：“人民群众对立法的期盼，已经不是有没有，而是好不好、管用不管用、能不能解决实际问题；不是什么法都能治国，不是什么法都能治好国；越是强调法治，越是要提高立法质量。”党的十九大报告提出“以良法促进发展、保障善治”，进一步明确了社会主义法治的价值——良法善治。从“法律之治”到“良法善治”，是从义务本位到权利本位的飞跃，更是对人民期待的回归。

情境二：2014 年 11 月，党的十八届四中全会明确提出编纂民法典；2015 年 3 月，全国人大常委会法制工作委员会启动民法典编纂工作，着手第一步的民法总则制定工作，形成民法总则草案；2017 年 3 月 15 日，《中华人民共和国民法总则》由中华人民共和国第十二届全国人民代表大会第五次会议通过，自 2017 年 10 月 1 日起施行；2020 年 5 月 28 日，中华人民共和国第十三届全国人民代表大会第三次会议表决通过了《中华人民共和国民法典》，自 2021 年 1 月 1 日起施行。民法典编纂过程中，先后 10 次通过中国人大网公开征求意见，累计收到 42.5 万人提出的 102 万条意见和建议。

情境三：《中华人民共和国民法典》第一条："为了保护民事主体的合法权益，调整民事关系，维护社会和经济秩序，适应中国特色社会主义发展要求，弘扬社会主义核心价值观，根据宪法，制定本法。"

情境四：现代法治的核心在于"规范公权力，保障私利"。保障私利的任务就是由民法典来完成的。《民法典》被誉为"社会生活的百科全书"，保护公民权利的宣言书。《民法典》以民事权利为中心构建起来，即由物权、合同债权、人格权、婚姻家庭权、继承权以及侵权责任所构成，通过全面保障民事权利，全面体现和贯彻了法治的价值。

【议学问题】结合情境一和情境二，分析：何谓良法？为什么要制定良法？如何制定良法？结合情境三，思考：《民法典》为什么要根据宪法制定？结合情境四，探究《民法典》对保障公民权利、规范国家权力运行的作用。

【议学活动】教师展示情境材料，提出问题。学生分小组讨论，合作探究并分组展示，其他小组成员可提出质疑或补充。教师通过与学生对话，完善观点。

【设计意图】《民法典》是新中国第一部以法典命名的法律，开创了我国法典编纂立法的先河，具有里程碑意义。《民法典》的编纂出台是法治中国建设的一个重大成就，以《民法典》作为情境主题，通过小组合作探究，结合《民法典》编纂过程，理解《民法典》内容合理、体系完备、规范系统，是一部保障公民权利的良法。《民法典》在保障公民私利的同时，也在同时规范着公权力。在结合四则情境材料分析探究《民法典》的过程中，深刻理解法治国家的内涵。

【议学提示】《民法典》通过对我国现行的民事法律制度规范进行系统整

合、编订纂修，形成了一部适应新时代中国特色社会主义发展要求，符合我国国情和实际，体例科学、结构严谨、规范合理、内容完整并协调一致的法典。这部良法的制定，是在党中央的领导下，由全国人大审议通过的，且在编纂过程中，多次征求民意，体现了科学立法、民主立法和依法立法。《民法典》以宪法作为依据制定，体现了法治国家建设坚持宪法法律至上。宪法是我国的根本法，是社会治理的最高准则，任何个人和组织都不享有法律之外的特权。民法典由物权、合同债权、人格权、婚姻家庭权、继承权以及侵权责任所构成，全面保障民事权利，全面贯彻了法治的价值，在保障公民私利的同时规范了公权力。

环节三 法治国家，我参与

分议题3：如何建设法治国家?

【议学任务】从法律的制定和实施角度分析如何建设法治国家。

【议学情境】在习近平总书记的高度重视和推动下，党的十八大以来，一批重要法律和有关法律问题的决定相继出台。截至2022年9月7日，我国现行有效的法律共计293件，包括宪法1件、宪法相关法49件、民法商法24件、行政法97件、经济法82件、社会法27件、刑法2件、诉讼与非诉讼程序法11件，以宪法为核心的中国特色社会主义法律体系不断完善。

2017年6月1日，《中华人民共和国网络安全法》正式实施；2018年12月29日，《关于修改〈中华人民共和国农村土地承包法〉的决定》通过；2019年3月15日，《中华人民共和国外商投资法》通过；2020年5月28日，《中华人民共和国民法典》通过；2021年10月23日，《中华人民共和国家庭教育促进法》通过；2022年9月2日，《中华人民共和国反电信网络诈骗法》通过。

【议学问题】结合情境材料，辨析“良法之下必有法治国家”。你是如何参与法治国家建设的?

【议学活动】学生以小组为单位，进行辨析探究“良法之下必有法治国家”；组织“法治在身边”主题演讲会，写一篇200字左右的演讲稿。

【设计意图】全面修典，不止于立法，更在于法之必行。通过辨析活动“良法之下必有法治国家”，追问建设法治国家，除了良法，还需要哪些方面的措施，让学生意识到良法的制定是前提，良法要发挥真正作用还需要严格实施。通过撰写以“法治在身边”为主题的演讲稿，培养学生在法治国家建设中的参与意识。

【议学提示】法治国家建设，良法制定是前提，良法要最大程度发挥效力，需要严格实施。首先要推进宪法的实施，落实宪法解释程序机制，推进合宪性审查工作，依法撤销和纠正违宪违法的规范性文件。法律的实施，需要政府、司法机关、社会公众各方面的共同努力。政府部门要依法履行职责，为社会提供优良的公共服务；司法机关要严格公正司法，以事实为依据，以法律为准绳，努力让人民群众感受到公平正义；新时代青少年作为社会公众的一部分，在日常生活中要依法行使权利、履行义务，认真学法、懂法、守法、用法，为落实良法善治、建设法治国家贡献自己的力量。

八、课外活动

1. 观看纪录片《法治中国》。
2. 在学校、社区开展普法志愿者活动，制作普法展板，宣传法律知识。

九、教学反思

结合新课程标准和教学内容，确定本课的议题是“建设法治中国，实现良法善治”。在此基础上设计了“法治国家，我点赞”“法治国家，我理解”“法治国家，我参与”三个环节，这三个环节分别对应三个分议题“何以法治国家”“何谓法治国家”及“如何建设法治国家”。每个分议题的教学设计中，以任务为驱动，以情境为载体，用问题引导，在学生活动中实现。整个教学活动在议题引领和活动进行中层层推进，引导学生深刻理解法治国家建设的内涵和意义，培养学生认同法治中国建设，自觉维护宪法和法律的权威，并积极参与法治国家建设的实践，为落实良法善治、建设法治国家贡献自己的力量。

在教学实践中，本课教学设计也存在不足之处，如情境材料偏多，学生在探究分析材料时可能理解得不够深入；学生活动虽从合作探究、辨析、演讲活动等多个角度进行设计，但在具体实施中需要课前做大量准备工作，对学生的综合素质有较高要求。在以后的教学实践中要对这些方面不断完善、改进，以期高效落实教学目标。

第四部分　大学“习近平新时代中国特色社会主义思想概论”

第九讲《全面依法治国》

□山东师范大学马克思主义学院　徐稳　吕松涛

一、教材分析

本讲由全面依法治国方略的形成发展、中国特色社会主义法治道路、深化依法治国实践的重点任务三个部分组成，分别从历史逻辑、实践逻辑和现实逻辑的角度对全面依法治国进行了论述。

二、学情分析

从认知结构来看，学生已经初步学习了全面依法治国的有关内容，但对于全面依法治国方略的形成、中国特色社会主义法治道路并没有深入了解，在一些关键问题上还存有认识不清晰、不深入的问题。

从思维特点来看，学生在一定程度上能够理解全面依法治国的内容，但缺乏从“四个全面”战略布局的角度更加深入、系统的认识。

从情感特点来看，学生对全面依法治国已经有了一定的认同，需要通过课程学习进一步坚定对中国特色社会主义法治道路的自信，使他们能够自觉践行法治要求。

三、教学目标

1. 知识目标：使青年学生掌握全面依法治国方略的形成发展进程，理解中国特色社会主义法治道路的深刻内涵和重点任务。

2. 能力目标：培养学生从“四个全面”战略布局角度分析和把握中国特色社会主义法治道路的能力和自觉践行中国特色社会主义法治的能力。

3. 情感和价值目标：通过对中国特色社会主义法治道路的系统学习，进一步坚定学生对建设中国特色社会主义法治国家的坚定信念和政治认同。

四、教学重点难点

1. 教学重点：中国特色社会主义法治道路。

2. 教学难点：深化依法治国实践的重点任务。

五、教学方法

教学方法有互动式教学法、讨论式教学法、探究式教学法、讲授法。

六、教学过程

【问题导入】人类有记载的第一部成文法典是什么？出现在什么时间？

【教师讲解】公元前 18 世纪，人类第一部成文法典《汉穆拉比法典》以楔形文字铭刻在石柱上。法典中有这样的文字：“要让正义之光照耀大地，消灭一切罪与恶，使强者不能压迫弱者。”这部法律的条文在历史的演进中已经失去效力，但其中透射出的一些法治精神仍受人敬仰。法治自古被众多国家所重视，法律也成为治国之重器，它关系到一个国家的兴衰强盛和百姓的安定幸福。

1. 全面依法治国方略的形成发展

全面依法治国是关系我们党执政兴国、人民幸福安康、党和国家长治久安的重大战略问题，是“四个全面”战略布局的重要组成部分。党的十八大以来，我们党从坚持和发展中国特色社会主义全局出发，从实现国家治理体系和治理能力现代化的高度提出了全面依法治国这一重大战略部署。

新中国成立以来，为了发展社会主义民主、建设社会主义法制，党带领人民进行了不懈探索，取得了巨大成就，也走了一些弯路。改革开放以来，党汲取历史的经验教训，始终高度重视法治。党的十一届三中全会明确提出“发展社会主义民主、健全社会主义法制”的重大方针。党的十五大明确把依法治国确立为治理国家的基本方略，把建设社会主义法治国家确定为社会主义现代化建设的重要目标。1999 年 3 月，第九届全国人民代表大会第二次会议通过的《中华人民共和国宪法修正案》将“依法治国”正式写入宪法。党的十六大提出，发展社会主义民主政治，最根本的是要把坚持党的领导、人民当家作主和依法治国有机统一起来。党的十七大提出，依法治国是社会主义民主政治的基本要求，强调要全面落实依法治国基本方略，加快建设社会主义法治国家。

党的十八大要求“加快建设社会主义法治国家”，把“全面推进依法治国”作为政治改革和政治发展的重要目标和重要任务。2014 年党的十八届四中全会通过了《中共中央关于全面推进依法治国若干重大问题的决定》，要求全面推进依法治国，向着建设法治中国不断前进，开启了中国特色社会主义法治道路的新征程。党的十九大明确提出，全面依法治国是中国特色社会主义的本质要求和重要保障。党的二十大强调，全面依法治国是国家治理的一场深刻革命，关系党执政兴国，关系人民幸福安康，关系党和国家长治久安。必须更好发挥法治固根本、稳预期、利长远的保障作用，在法治轨道上全面建设社会主义现代化国家。

2. 中国特色社会主义法治道路

习近平总书记指出，我们要坚持的中国特色社会主义法治道路，本质上是中国特色社会主义道路在法治领域的具体体现。

（1）坚持中国共产党的领导

党的领导和依法治国是高度统一的。党的领导是社会主义法治最根本的保证。必须坚持党领导立法、保证执法、支持司法、带头守法，把依法治国同依法执政统一起来。

【课堂讨论】如何理解“党大还是法大”的诘问？

【教师总结】“党大还是法大”是一个政治陷阱，是一个伪命题。党的领导和依法治国不是对立的，而是统一的。我国法律充分体现了党和人民的意志，我们党依法办事，这个关系是相互统一的关系。党的领导是我国社会主义法治之魂，是我国法治同西方资本主义国家法治最大的区别。离开了党的领导，全面依法治国就难以有效推进，就无法建立社会主义法治国家。当然，我们说不存在“党大还是法大”的问题，是把党作为一个执政整体、就党的执政地位和领导地位而言的，具体到每个党政组织、每个领导干部，就必须服从和遵守宪法法律。

（2）坚持人民在全面依法治国中的主体地位

坚持法治为了人民、依靠人民、造福人民、保护人民。保证人民在党的领导下，依照法律规定，通过各种途径和形式管理国家事务，管理经济和文化事业，管理社会事务。

（3）坚持法律面前人人平等

在立法、执法、司法、守法各个方面体现人人平等，任何组织和个人都必须尊重宪法法律权威，都必须在宪法法律范围内活动，都必须依照宪法法律行使权力或权利、履行职责或义务，都不得有超越宪法法律的特权，任何人违反宪法法律都要受到追究。

【案例分析】如何理解坚持法律面前人人平等？

【教师总结】党的十八大以来，中国共产党重拳出击严厉惩治贪污腐败，不分级别高低，不分地域领域，只要触犯了党纪国法，就要受到严肃追究和法律的制裁。一大批高级官员因为严重违法违纪纷纷落马。

法律面前人人平等意味着任何公民不分民族、种族、性别、职业、家庭出身、宗教信仰、教育程度、财产状况、居住期限，都一律平等地享有宪法和法律规定的权利，也都平等地履行宪法和法律所规定的义务，公民的合法权益都一律平等地受到保护，任何公民都没有可以超越法律的特权，一切违反宪法和法律的行为都必须予以追究。

（4）坚持依法治国和以德治国相结合

一方面发挥好法律的规范作用，以法治体现道德理念、强化法律对道德建设的促进作用；另一方面充分发挥好道德的教化作用，以道德滋养法治精神、强化道德对法治文化的支撑作用。

（5）坚持从中国实际出发

全面依法治国，必须从我国实际出发，突出中国特色、实践特色、时代特色。要学习借鉴世界上优秀的法治文明成果，但必须坚持以我为主、为我所用，不能搞“全盘西化”，不能搞“全面移植”，不能照搬照抄。

3. 深化依法治国实践的重点任务

全面依法治国，总目标是建设中国特色社会主义法治体系，建设社会主义法治国家。全面依法治国必须坚持厉行法治，推进科学立法、严格执法、公正司法、全民守法，推进中国特色社会主义法治体系建设，全面深化依法治国实践。

（1）推进中国特色社会主义法治体系建设

建设中国特色社会主义法治体系，首先，要完善以宪法为核心的中国特色社会主义法律体系；其次，要建立严密的法治监督体系；再次，要进一步健全法治保障体系；最后，要加强党内法规制度建设。

【案例分享】2020 年 5 月 28 日，万众期待的《中华人民共和国民法典》表决通过，自 2021 年 1 月 1 日起正式实施。这部新中国成立以来首部以“法典”命名的法律，编撰过程历经几代人，包括总则编、物权编、合同编、人格权编、婚姻家庭编、继承编和侵权责任编 7 编正文，以及附则，共 1260 条，涉及每个人从孕育到死亡的所有方面权益，被称为“社会生活百科全书”。

（2）深化依法治国实践

党的二十大报告指出：“公正司法是维护社会公平正义的最后一道防线。”必须把公平正义这一价值追求贯穿于法治建设的全过程和各方面，努力让人民群众在每一项法律制度、每一个执法规定、每一宗司法案件中感受到公平正义。

【案例分享】新冠肺炎疫情发生后，如何确保“公平正义不打烊”，互联网法院、“云办案”、“指尖诉讼”等纷纷出现，政法机关将案件办理的主战场从线下搬到线上，仅 2020 年上半年全国法院网上立案就超过 300 万件，网上开庭近 50 万场，网上调解近 140 万件。

2018 年 1 月起，为期 3 年的扫黑除恶专项斗争在全国展开。扫黑除恶专项斗争把打击黑恶势力和“打伞破网”一体推进，清除了一批害群之马，对黑恶势力形成了强大震慑。

七、课外活动

第一，观看政论专题片《法治中国》和电影《秋菊打官司》，感受全面依法治国方略的形成。第二，赴当地法院进行调研交流，了解全面依法治国实践。

八、教学反思

本次教学从人类第一部成文法典《汉穆拉比法典》导入，首先回顾和梳理了新中国成立以来全面依法治国方略的形成发展过程，尤其是重点介绍了党的十八大以来推进全面依法治国的战略部署。在“中国特色社会主义法治道路”这一部分内容中通过课堂讨论着重分析了“党大还是法大”的问题，把这一问题讲清楚有助于澄清学生的一些模糊、错误看法。在“深化依法治国实践的重点任务”这一部分内容中，讲解了推进中国特色社会主义法治体系建设和深化依法治国实践两个方面，介绍了近年来推进全面依法治国取得的成果。总体而言，本次教学设计较为完整地将教材体系转化为教学体系，实现了预期的教学目标。当然，教学设计中也存在一些问题，如阐述不够深入、与法治实践联系不够密切等，这些问题需要在今后的教学中继续完善。

主题十五

尚美审美立美　陶冶大美情操

第一部分 小学“道德与法治”

一年级上册第四单元《天气虽冷有温暖》

第十三课《美丽的冬天》

第二课时《不一样的冬天》

□山东师范大学附属小学 李熹

一、课程标准

《义务教育道德与法治课程标准》（2022 年版）第四部分“课程内容”第一学段学习主题“道德教育”内容要求“亲近自然，感受自然的美，保护动物，爱护一草一木，保护自然环境”。

二、教材分析

《不一样的冬天》是《道德与法治》（部编版）一年级上册第四单元第十三课《美丽的冬天》第二课时的教学内容。本课包含三个话题，分别是“冬天在哪里”“不一样的冬天”和“冬天真好玩”，主要围绕“冬天的美”让学生感受冬季的特点，感受冬天的乐趣。本课将教材中第一、第二话题进行整合，以体会冬天的美好为主要内容，引导学生了解生活中冬天的事物变化，对大自然的变化规律有基本的认识，学会发现大自然的美妙，培养积极乐观的生活态度；让学生更好地感受祖国各地的美丽景色，推动绿色发展，促进人与自然和谐共生。

三、学情分析

学生对天气变化的自然现象已经具备了一定的感性认识，同时具有一定的生活基础和知识基础。一年级的学生爱玩好动，充满好奇心，在北方生活的学生了解冬季的花草树木、人们的衣着变化等，玩过打雪仗、吃过冰糖葫芦，理解自己的生活变化与季节的关系。有的学生冬天去过南方或国外，对于不同地区的冬天有较为直观感受。但一年级学生的认知水平有限，对于冬天的认识还比较直观。教学设计中应在学生已有认知的基础上，引导其更系统、更细致地观察冬天，对大自然的变化规律有基本的认识，体会冬天的奇妙与美好，从而更好地感受大自然和祖国的美，爱护身边的动植物，为保护自然环境做力所能及的事。

四、教学目标

1. 观察冬天，感受冬天的季节特点，体验、发现冬天的乐趣，感受大自然的美丽。

2. 了解冬季的季节特点给动植物和人们生活带来的影响，知道生活随季节变化而变化。

3. 培养学生观察自然、探索自然的兴趣，培养其感受美、表达美的能力。

五、教学重点难点

1. 教学重点：通过观察、探究了解冬天的特点，能亲近自然，感受冬天的美。

2. 教学难点：感受大自然的美丽，培养学生感受美、表达美的能力。

六、教学方法

教学方法有情境教学法、观察体验法、讨论交流法、多媒体技术辅助教学法。

七、教学过程

环节一 营造冬日气氛，导入课题

1. 了解季节循环往复

（1）展示四季不同的风景图，环形排列。

（2）同学们知道画的分别是什么季节吗？你是怎么知道的？

（3）学生交流汇报。

【小结】一年有四季，曰春夏，曰秋冬。此四时，运不穷。

2. 交流并揭示课题

今天就让我们一起走进美丽的冬天。

【设计意图】通过环形四季风景图，初步认识一年有春夏秋冬四个季节，四季循环往复，各有各的美丽。

环节二 找找冬天在哪里

1. 调动已知，初步探究

（1）讨论：怎样知道冬天来了？

【学生回答】学生自由发言。

（2）师生通过交流，引导学生体会随着季节的变化，天气不仅变了，我们人类还有动植物的生活都有了变化。

2. 活动一：追寻冬的足迹

（1）到校园中寻找冬天的踪迹。

【活动要求】让我们一起变身观察员，去校园中找一找冬天的美。鼓励并引导学生用各种方式，例如图画、文字、拍照等，记录校园中的冬天。

（2）小组交流汇报，学生多角度交流在校园中观察到的冬天里动植物的变化以及人们生活的变化。

（3）交流中引导学生发现天气寒冷，气温降低；冬天人们穿的衣服多；水会结冰；很多树木的叶子掉光，只剩光秃秃的枝干；冬天的黑夜长、白天短等多种冬天中的现象。

【小结】教师从中总结出冬天的特点。

（4）小组汇报：同学们换上了冬季校服，戴上了围巾帽子，穿上了保暖的鞋子；树叶飘落，花朵凋零，枝干光秃，有的树干穿上了“保暖衣”；教室里供的暖气，户外时常哈气取暖；换上了保温水壶，午餐供餐箱上加盖了保温层，人们喜欢喝热汤、热水取暖等。

（5）总结过渡：冬天来到我们的校园里，我们的校园发生了变化，冬天真像个魔术师。随着季节的变化，不仅天气变了，我们的周围也发生了巨大的变化，我们的生活也发生了变化。大自然里的小动物们有没有发生变化呢？

3. 活动二：帮小狗找动物朋友

（1）创设情境：冬天小狗找不到它的动物朋友们了，你能帮助小狗找到它的动物朋友吗？

（2）小组活动。每组一套图，组内交流动物的朋友们是谁？它们是如何过冬的？同学们帮它们找找冬天的家，贴到图上。

（3）学生汇报展示，并说出粘贴理由，教师总结动物朋友们不同的过冬方式：熊、青蛙、乌龟、蝙蝠、蛇美美地睡一觉，冬眠过冬；松鼠、蚂蚁早早地作准备，靠储存食物过冬；大雁、天鹅等候鸟要飞到南方温暖的地方过冬；梅花鹿、兔子等会像人穿厚衣服一样，换上厚厚的皮毛保暖；蝗虫、蝴蝶等昆虫类动物要利用卵过冬。

（4）播放视频《冬天里的小动物》。

4. 利用儿歌小结，冬天在哪里

冬天的神奇魔术真了不起，随着冬天的变化，不管是人类还是植物、动物，都发生了变化，生活方式也随着改变，来度过冬天。同学们用善于观察的眼睛发现了冬天的魔术之谜，让我们一起唱着儿歌来揭秘吧。

（1）配乐拍手唱儿歌：

冬天在哪里，我去问河流，河流不回答，停下不再走；
冬天在哪里，我去问青蛙，青蛙不见影，睡在洞里头；
冬天在哪里，我去问妈妈，妈妈不说话，指指我衣袖。

（2）小结：冬天就在我们小朋友的眼睛里，只有细心观察的小朋友才会最快找到冬天在哪里。希望同学们都做细心观察的孩子，看到更多冬天的美丽。

【设计意图】通过引导学生主动参与实地观察、合作体验情景、游戏活动等多种形式，观察、探究冬天，感受冬天的季节特点，感受大自然的美丽，了解冬季的季节特点给动植物和人类生活等带来的影响。

环节三 看看不一样的冬天

1. 创设情境，引发思考

（1）谈话交流：我们的祖国那么大，其他地方的冬天和我们这里的一样吗？

（2）播放南方和北方小朋友的电话录音，体会南北方冬天的不一样。教师引导学生注意观察图上两名小朋友不同的穿着，房屋窗户的不同，以及窗外景色的差异。

（3）讨论：为什么一个小朋友穿棉衣、戴棉帽还觉得冷，另一个小朋友穿着短袖、短裤也不觉得冷？

2. 结合学生生活经验，多渠道地了解冬天不一样的美

（1）交流学生所感知不一样的冬天。

许多同学冬天去旅游过，还带来了旅游的照片。小组内交流讨论：你冬天去哪里玩了？那里的天气如何？你参加了哪些有趣的活动？介绍一下你的旅程。

冬天时，同学们在各地旅游穿的衣服很不一样，吃的玩的也很不相同，看来在冬天，我们祖国南北差距大，南方北方很不一样。

（2）我们还能从哪里知道不一样的冬天呢？

（3）学生小组讨论交流。

①课前，请有亲戚在远方的同学给他们打个电话，问问那里的冬天是什么样子的。课上请同学来介绍一下。

②查看天气预报，看电视听广播等发现不同景色。

【对比分析】教师随机展示上网查找实时的济南、哈尔滨、三亚天气情况，通过对比，知道各地冬天很不一样。

3. 跟着冬爷爷去旅行

（1）展示中国地图，并讲解：我们的祖国很大，不同的地方，冬天是不一样的。让我们跟着冬爷爷去做一次冬日旅行，见识一下不同城市的美丽冬天。

（2）多媒体展示南北方不同的冬天场景。

（3）讨论：你发现了什么？

【小结】哈尔滨的冬天，平均气温是 -15℃— -30℃，最低气温曾达 -52.3℃，那里是冰雪的世界，是美丽的北国冰城。那里有冰雪节、冰灯游园会，还可以滑雪、玩冰球。

三亚的冬天，平均气温是 23℃—30℃，小朋友们穿着短袖、短裤，撑着太阳伞，赤脚踏浪，一派美丽的海滨风光。

济南的冬天，平均气温是 5℃—14℃，寒冷却晴朗，有着暖阳，泉水上升起一团白气，在绿色的水藻上飘荡，一片散发着诗意的泉城美景。

4. 儿歌小结，冬天不一样的美

（1）学生配乐表演唱儿歌：

冬天各地差别大，
北方，有时十月飘雪花，
南方，冬天还会开鲜花。
东西南北中的娃娃，
有的玩雪，有的跑步，
有的赤脚追浪花……

【设计意图】通过创设情境引发学生对于南北冬季不同特点的思考，教师结合学生的生活经验，引导学生多渠道地感受冬天不一样的美，体会大自然的美丽和奇妙。

（2）总结：不一样的冬天，不一样的美，大自然可真奇妙，等着大家去探索。

环节四 课外延展活动

课后组织学生开展“冬季美丽”系列活动：

1. 美丽大侦探，寻找冬天的美丽。

2. 美丽冬天绘画比赛。

【小结】冬天有着不一样的美丽，让我们用发现美的眼睛，不断去发现冬天的独特之美，感受美丽，玩转冬天，在美丽的冬天绽放我们的光彩。

八、板书设计

不一样的冬天

找冬天　　　不一样

九、课后反思

教师在本节课的教学中围绕美丽的冬天、冬天的美丽进行活动，从寻找冬天自然的美，到祖国大江南北冬天不同的美，活动环环相扣，使学生在活动中自然习得，而不是生硬灌输，充分感受美、表达美，体现了课内外结合、课堂与生活联系，促进知情意行统一的整体性思想。教学设计将课本的内容紧紧地与学生生活实际联系在一起，如让学生说说初步感知到的冬天变化，再亲自到校园中观察发现，深刻感受冬天的不同，最后总结提升冬天的特点，立足于学生生活实际，激发学生学习的热情。

课堂中构建真正的有效活动，充分调动学生已有的生活观察和生活经验，在各种活动中自主学习、体验学习、探究学习和合作学习，重视活动中学生的学习体验，活动不是空架子，应该真正让学生在活动中有所得。一年级的学生注意力时间维持短，教师多次运用游戏活动，提高学生的参与度，不断激发学生的学习兴趣。通过多种形式的观察、探究，让学生感受冬天的季节特点，感受大自然的美丽与奇妙，激发学生进一步探究感受的愿望与兴趣，爱护身边的动植物，为保护自然环境做力所能及的事，促进人与自然的和谐共生。

在教学活动过程中，教师能兼顾学生整体性与层次性，对学生进行了有效的引导、点拨和及时鼓励，使学生主动思考，保持高度的学习热情和积极性。本课的不足之处在于，学生发表自己的独立见解还不够深入。如果能够引导学生更加大胆质疑，相信学生的学习活动将更具深度，能更好地提高学生学习的有效性。

第二部分 初中“道德与法治”

七年级下册第二单元《做情绪情感的主人》

第五课《品味情感的韵味》

第二框《在品味情感中成长》

□东营市育才学校 何冬梅

一、课标要求

《义务教育道德与法治课程标准》（2022 年版）第三部分“课程目标”中核心素养之“道德修养”第四学段要求“形成健康、文明的生活方式，懂得生命的意义，热爱生活”；“健全人格”第四学段要求“懂得生命的意义和价值，热爱生活，确立正确的人生观”“能够自主调控自身的情绪波动，具有良好的沟通能力，主动建立良好的人际关系”。

二、教材分析

本节课主要设计依据是初中《道德与法治》（部编版）七年级下册第二单元《做情绪情感的主人》第五课《品味情感的韵味》第二框《在品味情感中成长》，内容包括体味美好的情感、传递情感正能量两部分。第一目包括三个方面：体验美好情感，促进精神发展；获得美好情感的途径和方法；将负面情感转化为成长的助力。第二目是整个第五课的落脚点，从实践角度出发，鼓励学生主动传递美好情感，创造美好情感体验。

三、学情分析

情感生活是初中学生青春成长的重要领域，受其身心发展特点以及现实社会生活的影响，情感发展有一定程度的缺陷，如亲情的缺失、过分溺爱导致冷漠与自私等，需要外界予以关注和引导。同时，也因为他们缺乏客观辩证看待事物的能力，在把握情感方面容易走极端。本课引导学生在觉察、认知情感的基础上，将青春的创造力与自身的情感体验、与对生活的美好愿望相融合，积极影响他人，传递情感正能量。

四、教学目标

素养目标：能够自主调控自身的情绪波动，具有良好的沟通能力，能够主动建立良好的人际关系。

1. 通过“体味美好情感”，感受生活中美好情感的存在，理解认同美好情感的意义，养成积极、乐观的生活态度。

2. 通过“创造美好情感”，了解如何获得美好情感，学会在生活中积极主动地创造正面的情感体验，传递情感正能量。

3. 通过“传递美好情感”，学会通过传递积极情感影响身边的他人，提高创造美好生活的能力，培养公共参与的核心素养，在尚美审美立美的过程中陶冶大美情操。

五、教学重点难点

1. 教学重点：学会积极传递情感正能量。

确立依据：七年级的学生缺乏对“美”的主动建构能力，因此本节课的重点确立为引导学生通过主动影响他人，逐渐改善外部环境，在人际情感交往中传递积极正向的能量，共同创造美好生活，由尚美审美到立美。

2. 教学难点：正确认识和对待负面情感，积极创造正面情感。

确立依据：受认知能力和生活经验所限，学生对生活中负面、消极的情感体验认识比较片面，认识不到它们对自己成长的意义，更不知道如何将负面体验转化为正面情感。

六、教学方法

运用的教学方法有情境体验法、案例分析法、合作探究法。

情境体验法：通过创设贴近学生、贴近生活和贴近实际的情境，实现教学的具体化、形象化，引领学生在具体生动的情境中体验感悟。

案例分析法：开发运用经典人物和典型事件的案例式情境，以事说理，事理结合，引导学生参与、体验、感悟、实践。

合作探究法：围绕教学重难点，组织开展个体间、小组间的合作探究，拓展思路，碰撞观点，学会合作学习，提升学生的思辨和表达能力。

七、教学过程

环节一 视频暖场，温情导课

【教师深情开场白】2022 年是中国共产主义青年团成立 100 周年，时代总是把历史责任赋予青年，新时代的我们，生逢其时、重任在肩，施展才干的舞台无比广阔，实现梦想的前景无比光明，青春有我、奋斗有我、强国有我！百年青春，当然《有我》!

【播放视频】共青团成立 100 周年主题宣传片《共青春》主题曲《有我》。

视频播放完毕，正式上课。

【教师】刚才我们一起聆听来自青春的声音，你感受到了什么?

【学生】畅所欲言，表达自己内心的感受。

【教师总结导课】“我的样子，就是中国的模样!”我感受到了同学们的心潮澎湃，歌曲的背后浓缩着我们对党、对国家、对人民的深厚情感。这些美好的情感丰富着我们的生活，让我们体验到了生活的多彩。这节课就让我们一起品味情感，向美而行。

【设计意图】欣赏写给青年人的歌曲，激发学生的情感共鸣，创设温情氛围。学生通过体会歌曲背后蕴含的美好情感，对无声无形的情感有了具体形象化的感受和认识，自然引发教学主题，进入与情感相关主题的学习中。

环节二 师生对话，合作探究

【教师过渡】一草一木皆有情。我们每个人都生活在情感的世界里，怎样才能获得美好的情感，又该怎样把美好情感传递下去呢？下面我们一起来开启情感之旅吧！

第一站：体味美好情感——发现美

活动1：发现经典诗词里的美好

【教师】中国古诗词以美丽的语言、深邃的意境深受人们的喜爱，而情感是古诗词的生命和灵魂，下面我们一起寻找古诗词中蕴含的情感。

课件依次出示如下古诗词：

青海长云暗雪山，孤城遥望玉门关。
黄沙百战穿金甲，不破楼兰终不还。

爱国情

爱子心无尽，归家喜及辰。
寒衣针线密，家信墨痕新。

亲情

春水初生乳燕飞，黄蜂小尾扑花归。
窗含远色通书幌，鱼拥香钩近石矶。

热爱自然之情

绿野堂开占物华，路人指道令公家。
令公桃李满天下，何用堂前更种花。

尊师情

海内存知己，天涯若比邻。
无为在歧路，儿女共沾巾。

友情

死生契阔，与子成说。
执子之手，与子偕老。

爱情

【问题】在这些古诗词中，你品味到怎样美好的情感？

【学生】思考后积极回答。

【教师评价总结】欣赏古诗词，我们感受到了诗人心中丰富的情感，无论是对祖国、对大自然的热爱之情，还是亲情、友情、爱情，都是人世间美好、宝贵的情感。

【设计意图】本活动将古诗词引入课堂，旨在渗透中华优秀传统文化，引导学生从中获得美好的情感体验，感受美好情感的存在，培养学生的审美情趣，提高其审美能力。

活动 2：感受平凡日子里的“小确幸”

【教师过渡】美好情感不仅在古诗词中，还在我们的生活中，下面老师想邀请同学们一起寻找身边的美好情感，走进同龄人小锦的生活片段。

【课件播放动画视频】初中生小锦的四个日常生活场景。

动画内容：小锦的生活片段：

1. 在“学党史、强信念、跟党走”中学生时政小论文比赛中获市一等奖，特别欣慰。

2. 阅读课读到了自己喜欢的名著，享受到了精神大餐，感觉很充实。

3. 和小伙伴一起去做志愿者，帮助管理员阿姨整理图书、维持秩序，觉得很有意义。

4. 给爷爷过生日，一家人开开心心，非常幸福。

【问题】在以上的生活场景中，小锦分别产生了怎样的情感体验？

学生观看动画视频，思考回答。

【教师总结】自豪感、成就感、责任感、幸福感……这些都是我们每个人在日常生活中经常体验到的美好情感，它们多姿多彩，无时不在、无时不有。

【设计意图】本活动引导学生分析同龄人小锦在生活中所体验到的美好情感，感受现实生活中美好情感的真实存在，也为后面学习美好情感的产生作好铺垫。情境以学生喜闻乐见的动画视频的方式呈现，形象生动地再现了生活场景，增强教学内容的说服力和感染力。

【教师过渡】从前面的学习中，我们体验到生活中有如此丰富的美好情感，请同学们细细体味这些情感，思考它们在学习生活中给我们带来了什么？可以任选一个美好情感并结合自己生活实际举例说明。

活动3：助燃少年奋斗征程

教师首先分享自己的一次美好情感体验，学生再列举自己生活中真实的情感经历和感受。

【教师对学生回答及时鼓励并总结提升】生活中美好的人和事物，愉悦我们的身心，丰富我们对生活、对人生的美好情感。而美好情感又表达着我们的愿望，促进精神发展，让我们收获快乐，更好地成长，这正是美好情感的意义所在。

【设计意图】初中生情感细腻、充满热情，但又容易自我封闭而不愿表达，经过前面活动的铺垫，唤醒了学生的情感体验，顺其自然从分析“别人的故事”回归自身。本活动旨在引导学生结合自己生活中的真实经历，感受美好情感对自己成长所带来的意义，从而培养向往美、追求美的正确审美观。

【教师过渡】我们欣赏到了美好情感的存在，也感受到了它们的价值所在，那如何获得美好的情感呢？

第二站：创造美好情感——收获美

活动 4：探寻美好之源

【教师】让我们先回到小锦的生活片段，思考她的美好情感体验是怎样产生的？请大家完成这张情感体验卡片。

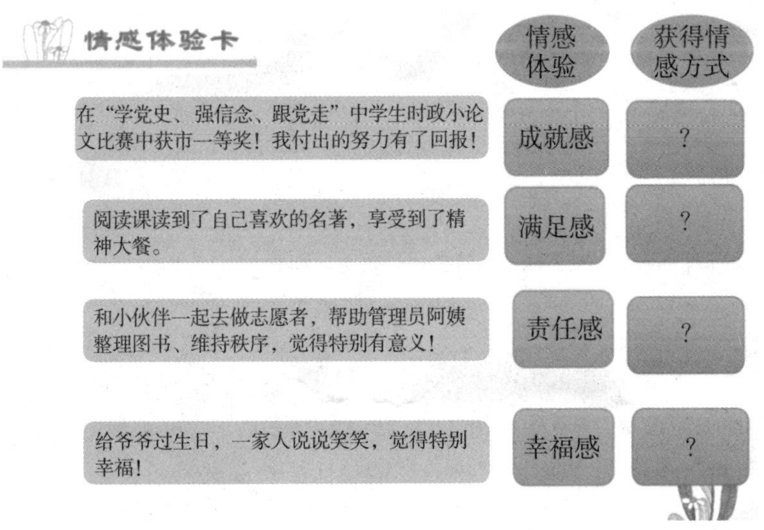

学生思考，积极发言。

【教师及时评价引导并总结】情由心生，美好情感的获得不能依靠索取或是强迫，它是人在社会交往、互动中自然引发的。我们可以像小锦一样通过阅读、参加有意义的社会活动等方式获得美好情感，也可以通过完成自己喜欢的活动、帮助他人、走进博物馆、走进大自然、欣赏文艺作品等方式，在生活中创造美好情感。

【设计意图】本活动承接前面创设的来自学生实际的生活情境，对小锦体验的美好情感进一步深入探究分析，让学生明白美好情感是自己主动获取的，并知道了获取的方式，帮助学生在日常生活中选择自己喜欢的方式创造美好情感。

【教师过渡】生活并不总是一帆风顺、充满阳光的，有时难免会遇到一些波澜，让我们产生不愉快的情感体验，就像中学生妙妙一样。我们一起看看她的生活中发生了什么？

活动5：我有一双慧眼

视频播放剪辑过的电视剧《少年派》片段。

【视频内容】高中生妙妙被老师当众严厉批评，原因是在紧张的高考备战期间，她竟沉迷于网络直播，想当网红主播，成绩一落千丈。

观看视频后，教师依次提出以下问题：

妙妙成绩下降、被老师严厉批评后产生了怎样的情感体验？

【学生思考后回答】会产生羞耻感、挫败感、焦虑感、无助感等负面的情感体验。

【教师追问】请你设想一下，这些负面情感体验会对她产生怎样的影响？

学生小组合作探究，做各种设想，教师及时评价、肯定，并出示真实的故事情节。

【故事后续】在经历一场场风波后，妙妙终于迷途知返，改过自新，激发斗志，刻苦学习，在高考中考出了自己的理想成绩。

【问题】这时的妙妙又有了怎样的情感体验？从妙妙这段情感变化的经历中，我们能得到怎样的启示？

学生积极思考，畅所欲言。

【教师及时评价并总结】生活中我们每个人都会像妙妙一样经历过负面情感体验，虽然不那么美好，但当我们学会承受这些情感，并让它们成为我们成长的助力时，最终会收获美好情感，不断成长。所以，生活中体验负面的情感可以丰富我们的人生阅历，让生命更加饱满丰盈，我们要学会承受并善于转化它。

【设计意图】妙妙沉迷网络想当网红，反映了当前一部分学生身上存在的社会现实。她的经历真实可信，学生易产生情感共鸣。从对其情感经历变化的分析中，引导学生辩证地认识和对待负面情感，最终收获美好情感，这也是在情感主题的学习中渗透挫折教育。

【教师过渡】生活在情感的世界里，我们除了自己要不断创造美好情感，还需要做些什么呢？下面让我们进入情感之旅。

第三站：传递美好情感——分享美

活动6：致敬榜样

【教师】在茫茫滇西深度贫困山区，有这样一位山村女老师，她用瘦弱的身体扛起了1800名大山女娃的人生希望，她就是“感动中国人物”获奖者，丽江市华坪县女子高级中学的校长张桂梅。这是一位怎样的校长？她有怎样的人生经历？让我们一起走进她的故事。

【播放视频】《张桂梅：用教育点亮山区女孩人生梦想》。

【合作探究】张桂梅老师向我们传递了哪些正能量？她是如何做到的？

学生以小组为单位合作探究，并派代表回答。

【教师及时评价、引导并总结提升】张老师坚韧不拔、无私奉献、甘为人梯的精神感动着我们。她扎根边疆教育一线40余年，用自己执着的热情和行动点亮千万乡村女孩的人生梦想，向社会传递着积极向上的情感正能量。很多学生在她的影响下，也在践行着这份美好。

活动7：传承有我

课件出示录音文字材料：

周云丽大学毕业后，听说母校数学老师紧缺，毫不犹豫地放弃刚考上的正式编制，回到女高（即华坪县女子高级中学）任代课教师。陈法羽将第一个月的工资全部寄给学校，之后每月拿出500元钱资助在校贫困学妹。“女高改变了山里女孩的人生，我们也要把张老师的精神传下去，”山启燕说，“现在我已大学毕业，成为一名乡村幼儿教师。我会谨记张老师的谆谆教诲，到艰苦的地方去，到祖国需要我的地方去。”不少学生在她的影响下，主动扎根到条件艰苦的偏远山区。

【问题】女高毕业生们是如何将张老师的美好传递下去的？张老师与学生们的行为带给我们怎样的启示？

学生积极思考、发表观点。

【教师总结提升】学生们用自己的行动表达、回应着对张老师的崇敬和热爱，把美好情感和生命正能量传递给更多的人。这些美好的传递，不是单一地返还给张老师一人，而是化成影响千万家庭的暖流，流向社会。

【教师】生活中还有很多像张老师一样的平凡人，用自己的行动传递着情感正能量，感动着我们，温暖着社会。让我们一起回顾生活中的温暖瞬间。

课件配乐滚动播放图片，最后定格，教师有感情地介绍。

【问题】请同学们用一个词或者一句话来表达你的感受。

学生畅所欲言，发表自己的感想。

【教师鼓励肯定学生的表达并升华】感谢志愿者，感谢消防官兵，感谢少年……感谢每一位挺身而出的平凡中国人！在他们身上，我们看到了中国人最好的样子！生在华夏，何其荣幸！我们也要继续创造和传递美好情感，让我们的生命更有力量，周围的世界因我们的积极情感多一份美好。

【设计意图】通过张桂梅老师及其学生的感人事迹，引导学生了解我们可以用自己的热情和行动影响环境、传递美好情感，而这种传递也会得到回应和共鸣。最后通过生活中平凡人的感动瞬间对结论进行加深和印证，突出情感态度价值观目标要求，震撼、感化学生的心灵，也是爱国主义教育的渗透。

环节三 静心反思，畅谈收获

学生畅谈本节课的收获，在畅谈交流的基础上，教师分享自己的收获并展示本节课的板书总结。

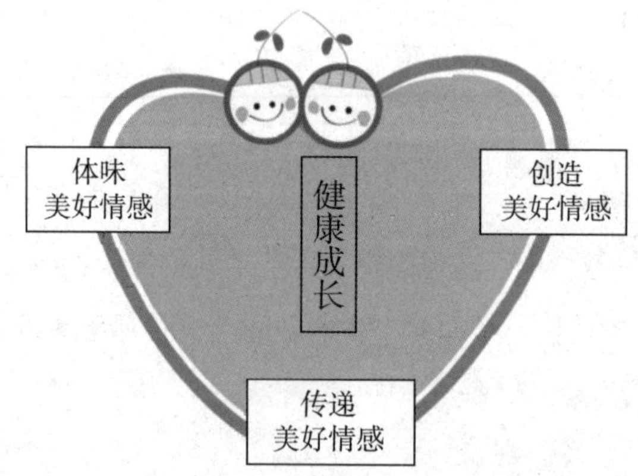

【设计意图】贯彻三维教学目标，鼓励学生表达情感态度价值观、能力、知识等方面的学习体会和收获，教师积极参与，师生共同成长。直观、形象化

的板书总结是对学习内容的概括和升华，让学生对所学内容有更加明晰的认知。

环节四 真情心语，情感升华

【教师】“以青春之我，创建青春之国家、青春之民族”，这是100多年前一群风华正茂的青年为探求救国救民道路而发出的铮铮誓言。一代又一代青年人，乘风破浪、逆风寻光，让我们看到了一个国家的明天和希望。强国有我，传承有我。爱要大声说出来，下面就请同学们把自己对祖国的美好情感自由表达出来吧！

表白中国

总有一些情感让我们心潮澎湃，总有一种感动让我们泪流满面，总有一种表白叫我爱你中国！

请你用一段话表达对祖国的心声、祝福或行动。

学生完成后在课堂上分享自己对祖国的表白。伴随着优美的音乐，教师也表达自己对学生的深情寄语。

教师寄语

身为中国人，我们的基因里本就刻写着责任担当，血管里本就涌动着家国情怀。传承有我，青年担当，今天的我们正身处一个伟大的时代，接好历史的接力棒，是当代青年的机遇，更是沉甸甸的使命。

愿我们都能以青春之我、奋斗之我书写无愧于时代、无愧于历史的华彩篇章，愿我们心之所系是家国，情之所归是圆梦。

【设计意图】在本环节，课堂的情感达到高潮。“表白中国”活动充分激发学生内心最深处、最持久、最深沉的爱国情感，也是对导入环节的呼应和落实。教师的深情寄语向学生提出真切希望，引起学生情感上的共鸣，实现知识、能力和情感态度价值观目标的自然融合。

八、课外活动

课余时间，请你为生活中重要的人（如父母、老师或朋友）创造一次难忘、愉悦的经历，交流彼此的情感体验。

【设计意图】创造一次难忘的情感经历，引导学生将课堂内容转化为实际行动，达到知行合一，同时将课内所学延续到课外，实现课堂与生活的链接。

九、教学反思

本节课坚持“以人为本”的课程理念，设计了四个环节，在主体部分又设计了“情绪之旅”的三站，层次清晰，内容丰富。围绕对美好情感的体味和传递两大主题，用体味——创造——传递的逻辑，完成引导学生从审美到尚美最后立美的大美教育。

本节课最大的亮点是选用丰富的素材设置教学情境，既有古诗词，也有社会热点，既有榜样的感人事迹，也有学生身边发生的平凡小事。情境呈现的方式灵活多样，有视频、动画，也有图片和文字。同时，注重到从活动和情境中自然引发问题，问题之间具有梯度和层次，留有较大的探究空间。最终引导学生在日常生活中有意识地发掘美好的生命体验，通过人际交往、与外部环境的积极互动获得美好情感体验，通过亲身经历和感悟，在获得美好情感体验的同时深化思想认识。

本节课课堂开放度较高，生成性较强，生生合作和师生互动频繁，学生主体地位得到充分体现，实现了由“教教材”向“用教材教”的转变，既为学生搭建了展示和交流的平台，也便于教师发挥教学个性，创造生成性教育教学契机，有效实现育人目标。

第三部分 普通高中“思想政治”

必修4《哲学与文化》

第七课《继承发展中华优秀传统文化》

第二框《正确认识中华传统文化》

□山东省济南第九中学 刘磊

一、课标要求

《普通高中思想政治课程标准》（2017年版，2020年修订）第四部分“课程内容”必修课程“模块4：哲学与文化”内容要求“3.1辩证地看待传统文化，领会对中华优秀传统文化进行创造性转化、创新性发展的重要意义，弘扬民族精神”。

二、教材分析

本框题共有两目的内容。第一目《中华优秀传统文化的主要内容及特点》，阐述了中华传统文化的发展历程、中华优秀传统文化的主要内容、中华优秀传统文化的特点；第二目《中华优秀传统文化的当代价值》，阐述了中华优秀传统文化具有的当代价值以及如何正确对待中华传统文化。两目从两个角度阐释了如何正确认识中华传统文化。在认识中华传统文化时，要求我们能够树立科学精神，运用辩证唯物主义和历史唯物主义观点，坚持古为今用、推陈出新，有鉴别地加以对待，有批判地予以继承，在分析鉴别的基础上取其精华、去其糟粕。

三、学情分析

作为高中二年级的学生，通过第七课第一框题的学习以及历史学科知识的学习，对中华优秀传统文化有了一定的知识储备，但是缺乏系统把握和深刻理解，尤其对中华优秀传统文化的主要内容和当代价值还没有准确理解。同时，高二学生也已经具备了学习高中思想政治的学习习惯和思维能力，对于课堂探究活动有较强的参与热情，这些都为本框题的学习打下了良好的基础。

四、教学目标

1. 结合中华文化形成和发展的史实，感悟源远流长与博大精深的中华文化，树立文化自信，增强民族自豪感。

2. 通过课堂微辩论活动，辩证地看待中华传统文化的价值，确立对待中华优秀传统文化的正确态度，培养学生的科学精神。

3. 通过主题班会等活动，正确认识中华优秀传统文化的当代价值，增强主动学习、弘扬和传播中华优秀传统文化的责任感。

五、教学重点难点

1. 教学重点：中华优秀传统文化的主要内容及特点。

2. 教学难点：中华优秀传统文化的当代价值。

六、教学方法

教学方法有议题式教学法、探究式教学法、讲授法等。

七、教学过程

【课堂导入】习近平总书记指出："要加强对中华优秀传统文化的挖掘和阐发，使中华民族最基本的文化基因与当代文化相适应、与现代社会相协调，把跨越时空、超越国界、富有永恒魅力、具有当代价值的文化精神弘扬起来。"在当今，我们该怎样正确认识中华优秀传统文化，让中华优秀传统文化在中国特色社会主义新时代重放光彩呢？今天，我们就以“怎样正确认识中华优秀传统文化”为总议题，展开对中华优秀传统文化的感悟之旅。

【总议题】怎样正确认识中华优秀传统文化？

环节一 感受中华优秀传统文化的独特魅力

分议题1：如何理解中华优秀传统文化的主要内容及特点？

【议题情境】情境一：中国是远古人类起源的重要地区，中华文明是人类最古老的文明之一。考古发现证明，无论黄河流域、长江流域、珠江流域、辽河流域，还是北方草原、四川盆地、青藏高原、天山南北，都是孕育中华文明的摇篮。在几千年历史长河中，中国人民始终团结一心、同舟共济，建立了统一的多民族国家，形成了守望相助的中华民族大家庭，创立了多样和谐的中华传统文化。同时，中国古代曾积极地同世界各国进行文化交流：汉朝有这样一条路，沿着这条路，东方的丝织品及冶铁等技术相继传至欧洲，西方的汗血马、音乐等也纷纷东来；唐朝有这样一群人，他们历经艰难把域外文化带入唐土，又矢志不渝地把唐朝文化传播四方……

情境二：英国著名历史学家汤因比认为，在近6000年的人类历史上，出现过26个文明形态，但是，只有中华文化是延续至今而且从未中断过的文化。就世界范围而论，中国古代文化是世界上最古老的文化之一。中华文化表现出最顽强的生命力。美国前国务卿基辛格曾三次参观秦俑博物馆，他赞叹：“能创造这个灿烂历史的民族，一定能创造出光辉的未来。”

【议学活动】(1) 中华传统文化是怎样形成和发展起来的？

(2) 根据课前搜集整理的资料，交流分享中华优秀传统文化在文学、艺术、哲学、科技等方面的主要成就。

(3) 中华优秀传统文化在文学、艺术、哲学、科技等方面的主要成就说明了中华文化具有怎样的特征？中华文化历史悠久而又从未中断，说明了中华文化又具有怎样的特征？

【设计意图】通过活动 (1)，引导学生初步了解中国是远古人类起源的重要地区，中国人民始终团结一心，同舟共济，共同创立了多样和谐的中华文化，并在对外文化交流中发展自身，明确中华文化的形成过程和重要地位。通过活动（2），引导学生交流分享传统文化的内容，在师生互动中总结中华优秀传统文化的主要内容，并感受中华优秀传统文化的源远流长、博大精深。通过活动（3），引导学生进一步全面认识中华优秀传统文化的源远流长、博大精深以及中华优秀传统文化具有强大的凝聚力和连续性的特征。

【议学提示】关于中华传统文化的形成和发展，要明确：中华文化是人类最古老的文明之一，中华文化是我国各民族共同创造的，中华文化在形成和发展过程注重吸收和借鉴外来文化的有益成果。

关于活动（2），首先需要安排学生在课前以小组为单位分别搜集整理中华文化中文学、艺术、哲学、科技等方面的主要成就。课上小组展示后，教师要引导学生从核心思想理念、中华传统美德、中华人文精神等方面总结归纳中华优秀传统文化的主要内容。

关于中华优秀传统文化的特征，无须展开深入探究，由前面的议学活动以及情境材料直接总结得出。

环节二 体悟中华优秀传统文化的当代价值

分议题2：如何正确对待中华优秀传统文化？

【议题情境】观点一：传统文化是财富。它架起了我们前进的阶梯，维持着我们的社会秩序，增强了我们的民族认同感，为我们的精神提供了栖息之所。如果没有传统文化，我们将失去精神家园。

观点二：传统文化是包袱。它是一种惰性的力量、保守的因素。它钳制着我们的交往方式和思维方式，控制着我们的情感体验和审美情趣，制约着我们的价值取向。

【议学活动】将学生分成两组，围绕“传统文化对当今时代而言是财富还是包袱”展开课堂微辩论。

【设计意图】以课堂微辩论的形式，实现“课程内容活动化”，引导学生对如何对待传统文化进行深刻的思考，让学生在辩论中全面认识中华传统文化，明确当今时代我们依然需要对传统文化进行创造性转化和创新性发展，充分发挥中华优秀传统文化的当代价值。

【议学提示】教师指导正反双方展开辩论，并对学生辩论的情况进行总结，阐明对待传统文化的正确态度。传统文化是对当时经济、政治、社会等的反映，不可避免存在过时或已经成为糟粕的东西。对于传统文化，我们要坚持“取其精华、去其糟粕”的原则，不断“推陈出新”，实现创造性转化、创新性发展。优秀传统文化是一个国家、一个民族传承和发展的根本。只有坚持从历史走向未来，从延续民族文化血脉中开拓前进，我们才能办好今天的事情，推动国家发展。

分议题3：如何认识中华优秀传统文化的当代价值？

【议题情境】习近平强调，“要使中华民族最基本的文化基因与当代文化相适应、与现代社会相协调”，为此，高二某班的同学们举行了“传统文化的当代价值”的主题班会，以下是几位同学的发言。

学生甲：忘记过去，就等于背叛未来。所以，毛主席早就告诫我们：“从孔夫子到孙中山，我们应当给以总结，承继这一份珍贵的遗产。”

学生乙：习近平总书记指出：“中华优秀传统文化已经成为中华民族的基因，植根在中国人内心，潜移默化影响着中国人的思想方式和行为方式。”中华民族为什么会有众多优美的诗句？就是因为我们传统文化的血脉中，始终涌动着对中华文化的强烈认同感。

学生丙：习近平总书记的讲话、文稿中经常引经据典。中华传统文化博大精深，在治国理政中大有可为，有助于提高我们驾驭复杂局面的能力。如习近平总书记多次引用法家经典“国皆有法，而无使法必行之法”“法令既行，纪律自正，则无不治之国，无不化之民”，强调依法治国的重要性。

学生丁：中国传统文化主张“己所不欲，勿施于人”，倡导“和为贵”，不但是处理人际关系的大智慧，更是处理国与国关系的道义准则，这也为世界各国和国际组织高度认同。

【议学活动】结合同学们的发言，说一说中华优秀传统文化有哪些当代价值？

【设计意图】运用主题班会的素材设置议学情境，这会使得情境材料更加贴近时代、贴近生活、贴近学生，有利于激发学生的参与热情。通过议学活动，帮助学生总结提炼中华优秀传统文化的当代价值，明确中华优秀传统文化对维护国家安全和统一、筑牢中华民族共同体意识等具有重要作用，对解决世界发展中的许多问题能够提供有益借鉴。

【议学提示】教师引导学生结合民族凝聚力、国家建设、全球治理等多角度进行思考。具体可结合如下内容加以阐释：（1）习近平认为“中华优秀传统文化已经成为中华民族的基因”。21 世纪的世界，科学技术日新月异，人类进步一日千里，各种思潮汹涌澎湃，各种学说潮起潮落。此时此刻，人们更需要自己的精神寄托和共同的“精神家园”。（2）中华文化强调“民惟邦本”“天人合一”“和而不同”；“天行健，君子以自强不息”“大道之行也，天下为公”；“天下兴亡，匹夫有责”，以德治国、以文化人；“君子喻于义”“君子坦荡荡”“君子义以为质”；“言必信，行必果”“人而无信，不知其可也”；“德不孤，必有邻”“仁者爱人”“与人为善”“己所不欲，勿施于人”“出入相友，守望相助”“老吾老以及人之老，幼吾幼以及人之幼”“不患寡而患不均”等。习近平认为：“像这样的思想和理念，不论过去还是现在，都有其鲜明的民族特色，都有其永不褪色的时代价值。”（3）党的二十大报告指出：“只有把马克思主义基本原理同中国具体实际相结合、同中华优秀传统文化相结合，坚持运用辩证唯物主义和历史唯物主义，才能正确回答时代和实践提出的重大问题，才能始终保持马克思主义的蓬勃生机和旺盛活力。”只有坚定历史自信、文化自信，坚持古为今用、推陈出新，进一步把马克思主义思想精髓同中华优秀传统文化精华贯通起来、同人民群众日用而不觉的共同价值观念融通起来，才能让马克思主义更深地扎根于中国的土地，扎根于亿万人民的心中。

环节三　担负中华优秀传统文化的传承责任

分议题 4：新时代青年如何为传承中华优秀传统文化作贡献？

【议题情境】习近平总书记强调：“没有中华文化繁荣兴盛，就没有中华民族伟大复兴。”传承弘扬中华优秀传统文化，是推进社会主义文化强国建设、提高国家文化软实力的重要内容。

【议学活动】请围绕“担负中华优秀传统文化的传承责任”这一主题，设计传承中华优秀传统文化校园主题活动方案。

【设计意图】作为祖国的未来和希望，青年学生处于世界观、人生观、价值观形成的关键时期。传承和弘扬中华优秀传统文化，用优秀传统思想观念、美德情操陶冶青年学生的心志，滋养他们的心灵，有助于他们掌握中华优秀传统文化所承载的道德理念和伦理规范，树立民族自豪感与责任感，树立文化认同与文化自信；有助于广大青年增强民族文化自觉性，把民族的文明基因、文化的根源血脉不断地传承下去，并在学习生活中见微、见实、见行。

【议学提示】这是一个开放性的活动，需要注意两点。一是要注意活动方案的结构。活动方案至少应该包括活动主题、活动目的、活动内容等内容，此项活动可以帮助学生制定活动方案。二是要明确传承中华优秀传统文化就是要大力弘扬讲仁爱、重民本、守诚信、崇正义、尚和合、求大同等核心思想理念，大力弘扬自强不息、敬业乐群、扶危济困、见义勇为、孝老爱亲等中华传统美德，大力弘扬有利于促进社会和谐、鼓励人们向上向善的思想文化内容。

【课堂小结】这节课我们围绕“怎样正确认识中华优秀传统文化”这一总议题，通过感受中华优秀传统文化的独特魅力、体悟中华优秀传统文化的当代价值、担负中华优秀传统文化的传承责任三个篇章的议学活动，从初步对中华优秀传统文化的形成和发展过程、中华优秀传统文化的主要内容以及中华优秀传统文化的特征等内容的感知，进而深入体悟中华优秀传统文化的当代价值和对待中华优秀传统文化的态度，全面认识中华优秀传统文化，并树立起坚定的文化自信和自觉承担起传承优秀传统文化的历史使命。

八、课外活动

赴山东博物馆，开展“触摸山东文化、争做传承使者”的主题实践活动，感悟中华文化的源远流长和博大精深，体悟中华优秀传统文化在社会主义新时代所能发挥的当代价值，争做中华优秀文化的传承使者。

九、教学反思

本框题的教学设计采用议题式教学方法，依据课程标准和教材内容，围绕"怎样正确认识中华优秀传统文化"这一总议题，从是什么、为什么、怎么做三个角度，设计了感受中华优秀传统文化的独特魅力、体悟中华优秀传统文化的当代价值、担负中华优秀传统文化的传承责任三个教学篇章，精选中华优秀传统文化的典型案例素材设置教学情境，设置探究、分享、辩论、撰写主题活动方案等丰富的议学活动，引领学生充分感悟中华优秀传统文化的独特魅力和当代价值，有助于增强学生分析问题、解决问题的能力和合作探究、参与实践的能力，增强学生的文化自信以及自觉传承和弘扬优秀传统文化的责任感。

在教学过程中，设计了"传统文化对当今时代而言是财富还是包袱?"的微辩论，学生在辩论传统文化是财富还是包袱时已经涉及了中华优秀传统文化的当代价值，后边再另外设计一个活动让学生探讨中华优秀传统文化的当代价值，略显有些重复，需要教师详略得当地处理两个活动的关系，以提高课堂效率。

第四部分 大学“思想道德与法治”

第五章《遵守道德规范 锤炼道德品格》

第二节《吸收借鉴优秀道德成果》

□山东师范大学马克思主义学院 任者春

一、教材分析

本讲的主要内容为第五章《遵守道德规范 锤炼道德品格》第二节《吸收借鉴优秀道德成果》，兼顾本章第三节的有关内容。本讲共有三个大问题。第一是“传承中华传统美德”，重点阐释了中华传统美德的基本精神、中华传统美德的创造性转化和创新性发展，强调要以传承和创新的态度学习中华传统美德。第二是“发扬中国革命道德”，阐述了中国革命道德的形成与发展、中国革命道德的主要内容、中国革命道德的当代价值，强调要传承红色基因、发扬革命精神。第三是“借鉴人类文明优秀道德成果”，阐述了文明因交流而多彩，文明因互鉴而丰富，借鉴和吸收人类文明优秀道德成果，才能更好地促进本民族道德文化的发展；借鉴和吸收人类文明优秀道德成果，必须秉承正确的态度和科学的方法，坚持以我为主、为我所用，批判吸收其他国家的道德成果。

本讲教学，贯彻习近平总书记“以美育人”要求，及党的二十大报告提出的“实施公民道德建设工程，弘扬中华传统美德”要求，通过从美的角度阐释道德，达到审美观教育与道德观教育的融合。

二、学情分析

从认知结构来看，本教学的对象为大一新同学，文化积累特别是伦理学、美学等方面的知识较为欠缺，视野还不够开阔，教师在教学中要注重把相关概念、基本原理阐述清楚。

从思维特点来看，学生还主要从道德概念理解道德，从现有结论理解世界，教师在教学中要注重在理论与实际、历史与时代的结合中展开教学。

从情感特点来看，学生对道德所包含的情感力量和审美价值认识还不够充分和清晰，理解还不够全面和细致，教师在教学中要注重在理性与情感的结合中展开教学。

三、教学目标

1. 知识目标：理解道德为什么是美的，体会传承和创造道德美是人生的崇高追求。

2. 能力目标：使学生深刻领会习近平总书记相关重要论述的精神实质，传承中华优秀道德和美学精神，赓续红色血脉，做德智体美劳全面发展的社会主义建设者和接班人。

3. 价值目标：培养确立正确的道德观、审美观，增强价值观自信，自觉追求真善美的生活方式。

四、教学重点难点

1. 教学重点：认识、感悟道德之美，赓续传统美德、革命道德，提升公民道德素质，彰显道德之美。

2. 教学难点：理解道德为什么是美的。

五、教学方法

本节课综合运用议题式、讲授式、互动式、讨论式等教学方法，深化对主题的认知和体验。

六、教学过程

【导入】通过对中国历史上道德人物的人生追求，特别是对新时代的道德楷模先进事迹的简要介绍，结合习近平总书记有关弘扬传统美德相关论述的介绍，引出总议题：如何在追求道德美中书写绚丽人生？

【教师引导思考】中华民族在悠久的历史传统中积累了丰富而优秀的传统道德资源；中国共产党自成立以来，在为中华民族独立和人民自由幸福而奋斗的过程中形成了可歌可泣的革命道德；新中国成立以来，特别是改革开放的历史阶段，又形成了社会主义先进文化，形成了富有时代特色的道德追求。这些都告诉我们，只有追求有道德的生活，才能收获美丽绚烂的人生。

1. 议题讨论

（1）议题呈现及协作探究

【议题呈现】通过对导课中相关社会现象的初步分析，顺理成章地引出议题：有人认为美是可以超越道德的，甚至认为美和道德没有关系。对此你有什么看法？

【协作探究】分小组组织讨论；在分组讨论的基础上，组长向全体同学汇报本小组的主要观点。

（2）归纳总结讨论中的基本观点

在历史故事中，有不少美独立于道德之外的故事。例如特洛伊战争，是一场因绝世美女海伦而引起的10年浩劫的战争。

在唯美主义者看来，艺术的使命在于为人类提供感观上的愉悦，而非传递某种道德或情感上的信息。艺术不应具有任何说教的因素，而是追求单纯的美感。

在形式主义美学看来，文艺作品应该是超越于现实生活之上的一个独立的“文本”和“深层结构”，是与世无涉的存在。

脱离道德的所谓对美的追求是有害的。譬如，德国作家帕特里克·聚斯金德于1985年发表的长篇小说《香水》中，主人公为了造出全世界最好的香水，谋杀少女取其体香。从现实看，某些演艺界的劣迹艺人，一夜之间从

"顶流"成为"弃子"，说明道德不检点的人，会受到公众的唾弃。

美应该是道德的。道德是美的前提，从广泛的意义上说，凡是美的都应该是善的。孔子主张"尽善尽美"。古希腊人对奥林匹克精神的定义是"身心皆美"。意大利诗人但丁曾说："一个知识不全的人，可以用道德去弥补，而一个道德不全的人难以用知识去弥补。"

2. 引思明理

【深入探究】通过视频展现道德模范人物事迹，感动中国十大人物事迹；通过讲授，学习习近平总书记关于核心价值观建设重要论述，习近平对"最美奋斗者"评选表彰和学习宣传活动作出重要指示；引导学生深化对道德之美的认识，增强对崇高道德生活的热爱。

【教师总结引导】学生应该正确认识到道德美是人生美的核心，增强对崇高道德生活的热爱，注重追求多层次的道德美。

（1）道德美是人生美的核心

道德是人之为人的核心。道德是人的社会性行为，它由道德意识、道德规范和道德行为构成。道德是人的本质特征之一。马克思说："人的本质不是单个人所固有的抽象物，在其现实性上，它是一切社会关系的总和。"道德以规范的形式表现着人所特有的社会关系，表现着人的社会本质。一个人有无道德可以说是他是否由生物意义上的人转化为社会意义上的人的重要标志。

道德美是人生美的灵魂。最美司机、最美教师等，他们身上表达的是道德之美的光辉。马克思主义认为，美是人的本质力量的感性显现，是人所具有的一切物质能力、精神能力的总和。而道德美就是人在优化各种社会关系、构建人与人和谐、创造理想生活中绽放的光彩。由此，道德美构成人生美的核心。凡是符合大多数人的利益，符合社会历史发展的规律，推动社会进步的道德行为就是善的，善必美，恶必丑。在现代社会中，道德及道德教育成为提升人的本质力量、增进人生美丽的精神力量和重要手段。

（2）追求多层次的道德美

哲学家李泽厚曾经提出美具有三个层次，即悦耳悦目之美、悦心悦意之美，悦志悦神之美。道德为什么是美的？本教学设计认为，道德会给人带来行为上、精神上和灵魂上的美感，从而使人产生追求道德美的强大动力。对道德进行审美层次的分析，从审美角度切入道德教育，具有必要性和可行性，有利于增强思政课教学的亲和力、感染力和有效性。

道德的“悦耳悦目”之美。“悦耳悦目”之美指的是人的“耳目”感到快乐，这个层面的美属于“感官愉快”。道德的“悦耳悦目”之美主要通过道德行为表现出来，是一个人道德意识的感性显现。一是美在为善，如充满爱心，乐于助人；二是美在自律，如君子之行，静以修身，俭以养德。

道德的“悦心悦意”之美。“悦心悦意”之美指的是在理解的基础上，通过感官愉快“走向内心”的状态，这个层面的美一般属于理性之美。例如，孔子所说的“朝闻道，夕死可矣”，正是对探究事物规律之美的一种愉悦表达。又如心灵的美，由内而外的善良、纯洁与高雅。孟子把塑造充实的心灵世界视作美，提出“充实之谓美”的著名命题。

道德的“悦志悦神”之美。“悦志悦神”之美属于人的志向追求与信仰境界。审美方式中最高的体验在于志向与灵魂的愉悦。中华美学特别注重人的志向与信仰之美，如“天下为公”的信仰之美，“先天下之忧而忧”的情怀之美，“为天地立心，为生民立命，为往圣继绝学，为万世开太平”的使命之美等。

3. 内容拓展：道德美的传承与创新

【课堂实践活动】利用编辑制作的教学视频，情景化展现中国历史上思想家孔子、孟子、王阳明，文学家韩愈、苏轼等的道德生活；展现革命道德和公民道德等内容，引导学生思考美德之美的人生意义以及时代价值。

【教师总结】学生应该正确认识传统美德之美、革命道德之美、公民道德之美，继而传承与创新道德美。

(1) 传统美德之美

中国传统文化中，以为公、报国为美，崇尚整体之美；以仁爱、和合为美，提倡人伦之美；以修身、践履为美，追求境界之美等。比如孟母三迁、爱子重教是美的，因为它反映了人伦之美和文化传承之美。孔融让梨的行为是美的，因为它反映了尊师敬长的生生之美。“粉身碎骨浑不怕，留得清白在人间”，体现的是一个人与社会之间责任担当之美。岳飞精忠报国、孙中山建立共和是美的，表现是一个人与国家之间的一体之美。

（2）革命道德之美

在长期革命和建设中，中国共产党形成了伟大建党精神，形成以人民为中心的美学追求，其内容包括，坚持真理、坚守理想的“理想之美”，践行初心、担当使命的“担当之美”，不怕牺牲、英勇斗争的“奉献之美”，对党忠诚、不负人民的“忠诚之美”等。共产党人用艰苦卓绝的奋斗与牺牲创造了悦心悦意、悦志悦神的人间大美。

（3）公民道德之美

公民道德是涉及社会公共生活领域的道德要求，体现的是对社会公共生活秩序及其公正性的追求。一是日常道德之美。它是经常的、大量地体现在社会生活之中的公民的优美人性，对起码的规范和准则的遵循。美德无处不在，它有时是随手捡起香蕉皮，有时是扶起一排倒地的自行车，有时是救助一只受伤的小鸟。二是职业道德之美。社会分工的发展必然形成不同的职业，人们从事着不同的职业，也在创造着各种职业劳动之美。三是家庭道德之美。家庭美德的内容包括尊老爱幼，男女平等，夫妻和睦，勤俭持家，邻里互助。建立美满、和谐、幸福的家庭，即建立真正具有美德的家庭。四是对己之美。如自强不息、严于律己就是一种对己的道德之美。“富贵不淫，贫贱不移，威武不屈”反映的是一个人对自己人格之美、气节之美的珍视与追求，是中华民族的美德之魂。

4. 总结深化

课堂小结要回应总议题：道德为什么是美的？我们应从哪几个方面传承和创新道德美？

【学生代表总结】分别由各小组代表围绕议题，作个性化的简短小结。

【教师的再总结】对传统美德之美、革命道德之美、公民道德之美的高度概括性，要把学生对道德之美的思考引导到对现实人生的热爱与创造上。

需要特别强调的是，一是用道德的付出增进日常生活中的美，二是用美的方式增进日常化生活中的道德。教育家陶行知说过，中国生活中的道德程度过低，与它的日用人文太缺少美感有直接的关系，“美的良知一旦焕发出来，比之道德自觉与发现，功效是强的太多了，美就是一步到位的道德”。

七、课外活动

【活动主题】发现、感悟、创造生活中的道德美。

【课外活动目标要求】一是校园微调查，发现校园中的道德美；二是组织党史主题学习，感悟共产党人的大德大美；三是制订个人创美计划，“一日一美”。

八、教学反思

本设计的理念创新在于从美的视角审视道德，通过回答“道德为什么是美的”“应从哪几个方面传承和创新道德美”的关键问题，把教材中的中华传统美德、中国革命道德、公民道德等内容进行综合考察。

本设计的实践创新在于把德育与美育结合起来。通常人们在使用道德美这一概念时，往往只偏重于它的道德内容，而忽略它的美学特征，以致将道德美等同于道德，使得德育实践过程中美的因素的欠缺甚至缺失，制约了思政教育的效果。

本设计的不足在于，对任课教师的审美修养要求较高，特别是要求教师要有对道德美有敏锐的洞见，要对教学过程做美学把握，这是一种不小的挑战。